北京非遗传承丛书

民俗

曹保明◎主编
安若水◎编著

北京出版集团
北京出版社

图书在版编目（CIP）数据

民俗 / 安若水编著. — 北京 ：北京出版社，2022.7
（北京非遗传承丛书 / 曹保明主编）
ISBN 978-7-200-17027-6

Ⅰ. ①民… Ⅱ. ①安… Ⅲ. ①风俗习惯—介绍—北京 Ⅳ. ①K892.41

中国版本图书馆CIP数据核字(2022)第029437号

北京非遗传承丛书
民俗
MINSU

曹保明 主编 安若水 编著

*

北京出版集团
北京出版社 出版
（北京北三环中路6号）
邮政编码：100120

网址：www.bph.com.cn
北京出版集团总发行
新华书店经销
河北宝昌佳彩印刷有限公司印刷

*

880毫米×1230毫米 32开本 4印张 90千字
2022年7月第1版 2022年7月第1次印刷

ISBN 978-7-200-17027-6
定价：39.80元

序言

生活中，我们无时无刻不在寻找美好的存在。那么，什么才是美好的存在呢？翻开“北京非遗传承丛书”，我觉得书中展现的这些珍贵的非物质文化遗产就是一种美好的存在。因为它们蕴含着千年古都的文化积淀，折射了中华民族最深层次的精神追求。

本丛书一共 8 册，分别介绍了民俗、民间文学、曲艺、传统舞蹈、传统体育、传统技艺、传统戏剧、传统美术等非物质文化遗产。民俗体现了历代活态的礼仪，演绎出百科全书般的丰富内涵，传递和继承着民族的信仰与精神观念。民间文学是民众生活中一种重要的口头文学传承、传播形式，北京作为口头艺术发源地之一，是一个历史悠久的文化宝库，蕴含了丰富的文化，其中的故事、传说、谚语、民谣、童谣等，陪伴着一代代人度过了无忧无虑的童年时光。曲艺与市井生活有着不解之缘，明清时期各地人将本地的精品带入京师，与繁多的艺术种类融汇在一起，形成了多彩的北京曲艺文化，如古老的相声、评书、大鼓等，后来又普及至全国。传统舞蹈是文化交流传播的硕果，委婉独韵的太平鼓、惊险刺激的高跷秧歌、强悍粗犷的武吵子等，使人感受到传统舞蹈无与伦比的艺术魅力。传统体育是北京生活中最活跃的浪花，体育文化彰显着北京无尽的智慧和力量，精彩纷呈。诞生于 4000 多年前的围棋、熏染了三国硝烟的象棋等，这些弥足珍贵的传统体育项目都拥有自己丰厚的历史文化。传统技艺是人们用眼睛去观看、用手去触摸、用身心去感受的综合文化，一块砖，一块石碑，一条胡同，是今人与古人情感共鸣的载体，这种多元的感悟在某一个瞬间就完成了。传统戏剧包括被称为国粹的京剧，被称为“百戏之祖”的昆曲，老少喜闻乐见的北京皮影戏，等等，这些传统戏剧丰富了北京人的文化生活，也是人们研究北京历史和文化的重要资料。传统美术不但是绚丽的画卷，更体现了创作的博大精深，具有独特的地域性，历代宫廷与市井美术在千年古都融合，与每一个生命息息相关，它是一种活态的生活之美。

北京非物质文化遗产体现了北京不同历史时期的文明演变，是中华民族的历史创造和文明成就。我们编写这套书，就是为了让人们了解这些文化遗产的起源、发展、特点及现状，聆听中华民族悠久的文化声音，体验中华民族的智慧，同时希望人们能够通过这套书加深对首都北京的了解，更加热爱我们的古都文化，并将这些宝贵的文化遗产继续保护和传承下去，让文化遗产“活”起来。

中国民间文艺家协会原副主席

中国文化遗产保护年度十大杰出人物

曹保明

目录

春节

遗产历史：4000多年

入选情况：第一批国家级非物质文化遗产名录（2006年）

申报地区或单位：文化部

春节作为中华民族最重要的传统节日，蕴含着辞旧迎新、合家团圆的寓意，是中华民族自我认同的一个文化符号。古代称春节为岁首、正旦、元旦、元日等。中国老百姓过春节的历史非常悠久，据说夏朝时就有这个节日了。老北京过春节，是从腊月初八就开始，到正月十五才算结束。有句谚语："小孩儿小孩儿你别馋，过了腊八就是年。"

北京地区，每到腊月初八，家家熬制腊八粥。腊八粥可用大米、小米、黑米、糯米、豇豆、红小豆、芸豆、绿豆、花豆、黄玉米糁、黏玉米糁、百合、莲子、花生、红枣、蜜薯、红薯、核桃仁、栗子、葡萄干、桂圆干、糖桂花、枸杞等食材自由搭配。其中的豆类，按大小分别放在碗中泡发，要泡一晚上，米也要泡两个小时。然后准备一口大锅，锅中放入足够的冷水，先把不易熟的豆子放进去，开火煮。煮熟后，再往锅里

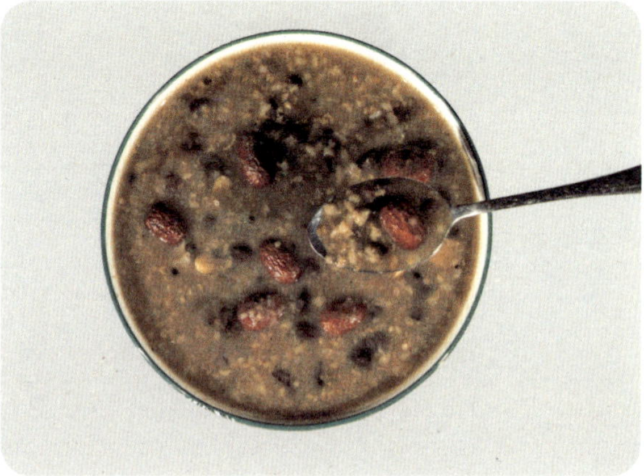

八宝粥

加入花生和易熟的豆子，等豆类煮到快开花的时候，再加入各种米和枣、核桃仁、栗子、百合、蜜薯等。这样，粥会越煮越黏稠，米煮开花以后再往锅里加入适量的冰糖，冰糖全部溶化以后，搅拌均匀就可以关火了。最后加糖桂花，盖上盖子闷一个小时，这样煮出来的腊八粥又黏稠又香甜。

腊八后的又一个重要的节日就是小年，祭灶是小年这天最重要的活动。灶神的职责是执掌灶火，管理饮食。旧时，差不多家家灶间都设有“灶王爷”神位。

俗话说“二十三，糖瓜粘”，过小年时，人们会买糖瓜、关东糖、麻糖等供奉灶王爷，祈求灶王爷嘴甜些，上天言好事。

“二十四，扫房子”，就是年终大扫除，家家户户这天都要打扫卫生，清理各种器具，拆洗被褥、窗帘等，干干净净迎新春。

年前，大人、小孩儿都要洗澡、理发。民间有“有钱没钱，剃头过年”的说法。

到了年三十儿除夕夜，春节就进入一个高潮。

大年三十的习俗

老北京人过大年三十的传统习俗有贴春联、佛堂上供、置天地桌、吃年夜饭、守岁、接神等。

贴春联

大年三十贴春联，用红纸写上吉利话，还要贴门神、贴挂钱等。贴完还会放鞭炮，非常热闹。

佛堂上供

老北京人几乎家家有佛堂，所供之神有观音、关圣、财神等。有钱有势的人家里，佛堂可能是一层小楼或一间小厅；贫困百姓家可能只有一个小佛龛。不论佛堂规模大小，除夕夜一定要上供。

除了肉、水果等，供桌上还有香炉、烛台；烛台上插着素蜡，香炉内插好手指粗的子午香，中午开始燃蜡点香，俗称起香。

置天地桌

将祖先的影像或牌位及遗物请出，在屋内西墙方位设供桌，摆供祭祖。汉族人祭祖多半做鱼肉碗餐，其他民族祭祖方式各有不同。

吃年夜饭

除夕夜，全家人都会早点儿回家过年，包括远在千里之外的游子。掌灯时分，各家各户都要吃年夜饭。老北京人除夕夜的年夜饭也称团圆饭，是必不可少的，也是全年最丰盛的一次家宴。主食自然是饺子，至于馅儿的种类则依据各家状况而定。这顿饭是对年菜的首次品尝，可以荤素一起上。

守岁

守岁时大多以娱乐为主，如搓麻将、斗纸牌、推牌九等。孩子们可以随心玩耍，抖空竹、抽陀螺、吹琉璃喇叭、吹口琴、耍影戏、玩走马灯等。

拜年

除夕一过，就是正月初一，北京人俗称“大年初一”，是拜年的日子。

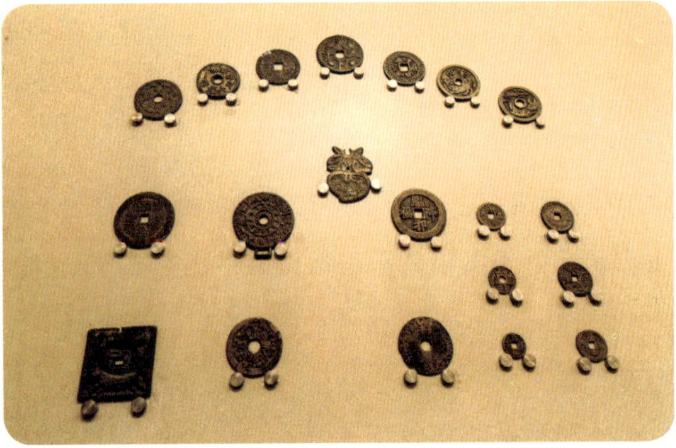

旧时压岁钱

老北京拜年是男人的事，各家妇女不到破五，不许出门送客，即便是很近的邻居，也只能在院中说话，不许进屋。直到正月初六，妇女才开始互相祝贺。

旧时春节禁忌

一旦打碎器皿，快说岁岁平安。

除夕夜，不扫地、不倒垃圾，担心会把财神扫出或倒走。

不准吃药，否则会生一年的病。

出嫁后的女儿，此时不可回娘家，否则会把娘家吃穷。

不许与人争吵，否则一年不交好运。

清明节

遗产历史：2500多年

入选情况：第一批国家级非物质文化遗产名录（2006年）

申报地区或单位：文化部

清明节与春节、端午节、中秋节并称为中国四大传统节日。作为传统节日中的唯一一个既是节气又是节日的清明节，是祭祀祖先的日子，又值草长莺飞时节，可以游玩踏青，所以清明节又称“踏青节”“柳节”“三月节”“祭祖节”。

每年的清明节在4月5日前后。老北京在清明前后，不仅仅扫墓，还有踏青春游、插柳射柳、赏玉兰花、放风筝、荡秋千等习俗。

寒食节

相传春秋时期，晋公子重耳为逃避迫害而流亡，途中又累又饿，随臣介子推走到僻静处，从自己的大腿上割下了一块肉，煮了一碗肉汤让重耳喝了。喝了肉汤的重耳渐渐恢复了精神。

19年后，重耳做了晋国国君，也就是历史上的晋文公。即位后，晋文公重重赏赐了当初伴随他流亡的功臣，唯独忘了介子推。很多人为介子推鸣不平，劝他面君讨赏，介子推不愿意这样做，还打好行装，同母亲隐居到绵山。

晋文公听说后，羞愧难当，亲自带人去请介子推。绵山山高路险，树木茂密，找寻不到介子推。这时有人献计，从三面火烧绵山，逼出介子推。

晋文公听从了这个人的建议，下令大火烧山，但介子推仍然没有出现。等大火熄灭后，人们才发现背着老母亲的介子推已坐在一棵老柳树下死了。晋文公见状，恸哭。装殓介子推时，晋文公发现一封血书，上面写道："割肉奉君尽丹心，

颐和园长廊彩画——《介子推负母入山》

但愿主公常清明。”为纪念介子推，晋文公下令将这一天定为“寒食节”。

寒食节一般在清明节前一两天，禁烟火，只吃冷食，在后世的发展中逐渐增加了上坟祭扫、踏青、荡秋千、蹴鞠、牵钩、斗鸡等习俗。

上巳节

农历三月初三是上巳节，它形成于春秋末期。在这一天，人们会到水边举行祭祀仪式并到水中沐浴，以祛除过去一年中的污秽之气。

上巳节又称沐浴节、踏青节，自古以来就有踏青郊游的习俗，此后又增加了祭祀宴饮、曲水流觞等内容。

魏晋以后，由于当时社会崇尚自然、纵情山水的风尚，对人们而言，上巳节第一个习俗的意义大大减弱，而迎春赏游之意越发浓郁。唐朝时，上巳节成为当时隆重的节日之一。节日的内容除了修禊，主要是春游踏青、临水宴饮。由于上巳节的时间与清明临近，其重郊游踏青的特点也被纳入清明节的习俗之中。

上巳节还有登高的习俗，人们常将祭奠踏青与登高结合在一起，有的少数民族有在三月初三去江边唱歌跳舞的风俗。上巳节还有把荠菜花放在灶台上驱除蚂蚁的习俗，荠菜味道鲜美，还是一味止血清热的中草药。宋朝以后，上巳节在北方突然销声匿迹，不再见于文献记载。

清明节传统习俗

旧时北京交通不便，一般百姓多去西直门外高梁河（又名长河）畔、陶然亭和东直门外就近踏青。那时两岸杨柳青翠，桃花艳丽，映着长河流水，岸边还有不少庙宇和高粱，景色绝佳，吸引了很多游人前来踏青。

老北京有七八座城隍庙，香火很旺，里面供奉着城隍爷。清明节那天，人们纷纷去许愿，为天旱求雨、出门求平安等。

清明节前后，老北京人纷纷去颐和园、潭柘寺、大觉寺观赏玉兰古树。老北京人在清明节，也有插柳、戴柳、射柳的习俗。

插柳习俗源于寒食节，据说介子推母子被焚时，是在大柳树下。因此寒食节人们不动火，还要用面粉制成飞雁，用柳枝穿起来插在门窗上，称为“子推雁”，以示对介子推的敬佩和怀念。

老北京人在春游时，还常在途中折些柳枝编成环形戴在头顶上，农村的少女、孩童也都有此习俗。戴柳，有辟邪除灾、平安保健之说，也有珍惜青春、生机勃发之意。

一些文人墨客、学子常在柳树下挂个有鹁鸪的葫芦，在百步之外用弓箭或弹弓射之。

老北京人在清明时节还有放风筝、荡秋千等习俗，这是健身活动，也是游乐活动。老北京的风筝制作极为精巧，那时有“曹氏风筝”“风筝金”“风筝哈”“风筝马”等流派的风筝。

秋千曾是宫廷内和贵族园林中的设施，荡秋千是在妇女、孩子中流行的一项娱乐活动，如今早已成为百姓的健身活动项目。

清明节有着悠久的历史，它随着时代的发展而变化，后续渐渐融合了寒食节和上巳节的习俗。

端午节

遗产历史：2000多年

入选情况：第一批国家级非物质文化遗产名录（2006年）

申报地区或单位：文化部

端午节，农历五月初五，是我国最重要的传统节日之一。古文中的“端”有“初”的意思，初五是一个月的初始，故称“端”。而农历五月按十二地支对应的月份为午月，故五月初五被称为端午节。

端午节，老北京人习惯叫“五月节”“粽子节”。端午节的由来，历代学者和民间都有所争论，如今大家基本上认同的是著名作家闻一多在其著作中的考证。闻一多认为端午的起源是中国古代南方吴越民族举行图腾祭祀的节日。那时的人们浑身刺着花纹，面目狰狞，用龙纹文身，因为他们认定龙为本民族的象征，崇拜龙并以“龙子”的身份自称，在每年五月初五天神——龙的生日这一天举行盛大的图腾祭祀。民间百姓则认为端午节是为了纪念投江而死的楚国爱国诗人屈原。

屈原，春秋时期楚怀王的大臣，遭小人谗言，被怀王流放。待楚国没落后，他于五月五日抱石投汨罗江而死。

楚国百姓感念屈原，纷纷到汨罗江边去凭吊屈原。他们把饭团、鸡蛋等食物丢进江里，说是让鱼、虾、蟹吃饱了，就不会去咬屈大夫的身体了。还有人拿来一坛雄黄酒倒进江里，说是要药晕蛟龙水兽，以免伤害屈大夫。他们还担心饭团为蛟龙所食，便用楝树叶包饭，外缠彩丝，后发展成粽子。

后来，端午节就有了龙舟竞渡、吃粽子、喝雄黄酒的风俗。

端午节南北方的活动

赛龙舟是南方人端午节的娱乐活动之一。赛龙舟历史悠久，已流传 2000 多年，是中国民间传统水上体育娱乐项目，多在喜庆节日举行，是多人集体划船竞赛。龙舟竞渡前，先要请龙、祭神。

北方人端午节的游戏有射柳和打马球。射柳这项竞技活动在辽时便已出现，一直延续至清末。

打马球是北方端午节的主要娱乐活动之一。人骑在马上，持棍打球，古称击鞠。相传，唐玄宗李隆基便是这项运动的爱好者。北京白云观前也有群众骑马击球之典。清朝初期天坛一带也还有马球运动，直至清中叶之后，才消失了。

龙舟竞渡

端午节习俗

端午节吃粽子是自古盛行的习俗，东汉就有记载。唐朝时，粽子已经成为民间集市上的美味，而且一年四季长安街市都有专营米粽的风味小吃店。那时包粽子除用黍米外，还有栗子、枣、豆馅儿等配料。在乾隆年间，端午节吃粽子前还要做些小游戏，把许多粽子放在一个大盘子里，大家站在远处，用小弓去射，射中粽子的即可先吃。现代的粽子已经从江米、小枣粽逐渐演变为“杂粽”，有豆沙、果脯、什锦、鲜肉、火腿等众多品种。粽子已经成为人们的传统美食。

倒挂菖蒲、艾草，饮雄黄酒，吃五毒饼，佩戴香囊，贴钟馗像等，亦是端午节自古传承的重要习俗。

农历五月古时称为恶五月，这是由于端午节时已是仲夏，此时多雨潮湿，细菌繁殖，人易生病。人们需要借助菖蒲、艾草等的气味驱逐邪气，清洁环境。

驱除五毒

民间认为五月是五毒（蝎、蛇、蜈蚣、壁虎、蟾蜍）出没之时，要用各种方法以预防五毒之害。人们一般在房屋中贴五毒图，以红纸印画 5 种毒物，再用 5 根针刺于五毒之上，即认为毒物被刺死，再不能横行了。

倒灾葫芦

在纸葫芦上垂丝穗、飘带，或在纸葫芦中剪出五毒的形状，挂贴于门，亦表示将五毒之气泄尽之意，称为“倒灾葫芦”。

挂荷包

人们随身携带的荷包，从装有吸汗的蚌粉、辟虫的雄黄粉或铜钱的布袋，发展成装有香料的香囊，制作也日趋精致，成

老北京荷包

为端午节特有的民间工艺品。

拴五色丝线

中国古代崇拜五色，以五色为吉祥色。因而，端午节清晨，各家大人起床后第一件大事便是在孩子的手腕、脚腕、脖子上拴五色丝线。

长命缕

亦称续命缕、续命丝、延年缕、长寿线，别称百索、辟兵缯、五彩缕等，名称不一，形制、功用大体相同。人们在端午节以五色丝结而成索，或悬于门首，或戴小儿项颈，或系小儿手臂，或挂于床帐、摇篮等处，俗谓可避灾除病、保佑安康、益寿延年。

饮雄黄酒

端午节饮雄黄酒的习俗，从前在长江流域极为盛行。在没有碘酒之类消毒剂的古代，用雄黄泡酒，可以祛毒止痒。

七夕节

遗产历史：2000多年

入选情况：第一批国家级非物质文化遗产名录（2006年）

申报地区或单位：文化部

七夕节的来历

七夕节的来历与民间流传的牛郎织女的故事有关，其渊源可追溯到春秋战国时期，直到汉代，其细节才与牛郎织女的故事联系起来，并且正式成为妇女的节日。

古时的星象物候历《夏小正》中在七月时提到织女星象，将之作为七月来临的标志，这时正处于凉爽的晚秋，也是穿寒衣的时节，秋收尚未开始，妇女们开始忙着纺织，织女星因此而得名。八月是选择牲畜用以祭祀之时，牵牛星因此而得名。而此时织女星正好往西滑落，牛郎星则升上天空，宛若在追逐织女星。因此，后世有了牛郎织女的传说。

颐和园长廊彩画——《牛郎织女鹊桥相会》

七夕节习俗

每逢七夕节，女子都会向七姐（织女星）献祭，祈求自己能够心灵手巧，获得美满姻缘。这就是“乞巧节”名称的由来。

妇女亦会结彩楼，预备黄铜制成的细针（七孔针），以五色丝线对月迎风穿针，穿进了谓之得巧。久而久之，七夕就成了“女儿节”。

穿针乞巧

这是最早的乞巧方式，开始于汉朝，后流传于世。七夕，女子手执五彩丝线穿九孔针（或五孔针、七孔针），先完成者为“得巧”，后完成的算输，“得巧”的会有奖品。

喜蛛应巧

于南北朝时兴起，南朝《荆楚岁时记》有：“是夕，陈瓜果于庭中以乞巧，有喜子（一种蜘蛛的别名）网于瓜上则以为符应。”历代验巧之法不同，南北朝视网之有无，唐视网之稀密，宋视网之圆正，后世多遵唐俗。

投针验巧

这是七夕穿针乞巧风俗的变体，源于穿针，又不同于穿针，是明、清两代盛行的七夕节习俗。

种生求子

旧时习俗，在七夕前几天，先在小木板上敷一层土，播下粟的种子，让它生出绿油油的嫩苗，再摆一些小茅屋、花木在上面，做成田舍人家小村落的模样，称为“壳板”，或将绿豆、红豆、小麦等浸于瓷碗中，等它长出敷寸（1 寸≈ 33 毫米）的芽，再以红、蓝丝绳扎成一束，称为“种生”，又叫“五生盆”或“生花盆”。

晒书、晒衣

据载，三国时期司马懿曾因位高权重引起曹操的猜忌，为自保，他便装疯躲在家里。时值七月七，装疯的司马懿也在家中晒书。令史回去禀报曹操，曹操马上下令要司马懿回朝任职，否则即刻收押。司马懿只好乖乖地奉命回朝。后来也有人学之。可见当时七夕晒书、晒衣的风俗有多盛行了。

供奉“磨喝乐”

“磨喝乐”是旧时民间七夕节供奉的小泥偶，多为穿荷叶半臂衣裙、手持荷叶的儿童形象。宋朝稍晚以后的“磨喝乐”，已不再是小泥偶了，越做越精致。“磨喝乐”的大小、姿态不一，最大的高达 1 米，与真的儿童不相上下。

拜织女

拜织女纯是少女、少妇们的事。她们大都是预先和自己的朋友或邻里约好，少则五六人，多至十来人。她们在月光下摆一张桌子，桌子上放置水果和鲜花，花前放置一个小香炉。约好参加拜织女的少女、少妇们，斋戒一日，沐浴停当，准时到主办者的家里来，于案前焚香礼拜后，大家面朝着织女星，默念自己的心事，如少女们希望长得漂亮或嫁个如意郎君，少妇们希望早生贵子，等等，都可以向织女星默祷。

拜魁星

相传七月七是魁星的生日。想求取功名的读书人特别崇敬魁星，所以一定会在七夕这天祭拜，祈求他保佑自己考运亨通。魁星爷就是魁斗星，二十八宿中的魁星，为北斗七星的第一颗星，也叫魁星或魁首。

吃巧果

七夕的应节食品，以巧果最为出名。巧果又名“乞巧果子”，款式极多，主要的材料是油面糖蜜。《东京梦华录》中称之为“笑靥儿”“果食花样”，图样则有捺香、方胜等。宋朝时，街市上已有七夕巧果出售。手巧的女子，还会捏塑出各种与七夕传说有关的花样。

到了现代，七夕节又被人们称为“爱情节”。一些商家称之为“中国情人节”，但由于“情人”一词可能产生歧义，以及七夕传统习俗中并没有情侣约会的内容，因此民俗专家认为称之为“情人节”不适当，而应称“爱情节”。

如今，七夕节被商家用作商业促销的手段，而传统习俗则呈现衰落之势，人们对七夕节的热情比不上西方情人节。

中秋节

遗产历史：2000多年

入选情况：第一批国家级非物质文化遗产名录（2006年）

申报地区或单位：文化部

中秋节，农历八月十五，是除春节之外，老北京人最看重的节日。我国古代历法把处在秋季中间的八月称为“仲秋”，故中秋节又称“仲秋节”“八月节”。

中秋节有拜月神娘娘、太阴星君，以及祭月、赏月、挂彩灯、吃月饼、吃团圆饭、供兔儿爷、饮桂花酒等习俗，故八月十五又称“团圆节”“月饼节”。

祭月，是我国一种十分古老的习俗，是古人对“月神”的一种祭拜活动。

老北京家家户户都会设坛拜月，供“月光码儿”，即印有太阴星君及玉兔捣药的纸像。西瓜切半，各雕莲花瓣形，取花好月圆之意，摆于供案两旁，间有时令果品，如苹果、石榴、柚子等，唯独梨因与“离”谐音而不上供。

老北京人最重祭月，寄托了“花常好，月常圆，人常聚”

的美好愿望。

中秋节还有很多和月亮有关的神话传说，如嫦娥奔月、吴刚伐桂、玉兔捣药等。

“大吉”嫦娥月宫纹菱式铜镜

嫦娥奔月

嫦娥奔月的神话源自古人对星辰的崇拜。传说嫦娥偷吃了丈夫羿从西王母那里要来的不死药，就飞进了月宫，最后变成了捣药的蟾蜍。

吴刚伐桂

据说，西河人吴刚因为修仙时犯了错误，被罚去砍伐月宫中的桂树。这桂树随砍随长，永远也砍不完。

玉兔捣药

据说嫦娥吃了不死药身体变轻，开始升空时，惶恐中抱起了一只她喂养的白兔，白兔便随她一起飞上了月亮。玉兔有一个捣药杵，夜晚在药臼中捣制长生不老的灵药。

月饼起义

相传中秋节吃月饼始于元朝。据说，当时中原广大人民不堪忍受元朝统治阶级的残暴统治，朱元璋联合各路反抗力量准备起义抗元。为传递消息，军师把藏有“八月十五夜起义”的纸条藏在月饼里面，再派人分头传送到各地起义军中，最后

颐和园长廊彩画——《唐玄宗漫游月宫》

起义胜利。朱元璋后来将当年起兵时用来秘密传递信息的“月饼”，作为节令糕点赏赐群臣。中秋节吃月饼的习俗便在民间流传开来。

八月摸秋

中秋节月夜可以偷摘他人田园里的瓜果，据说这天送子娘娘要下凡，所以未生育的已婚妇女摸秋若不被发现，可早得子。

中秋节习俗

燃灯

中秋之夜，将夜灯内燃烛用绳系于竹竿上，高竖于瓦檐或露台上，或用小灯排成字形或各种形状，挂在家中高处，俗称

"树中秋"或"竖中秋"。富贵之家所悬之灯，高可达数丈，家人聚于灯下欢饮为乐，平常百姓则竖一根旗杆，挂两个灯笼，也自得其乐。

赏月

据说此夜月球距地球最近，月亮最大最圆最亮，所以从古至今都有宴饮赏月的习俗。

追月

所谓"追月"，即过了农历八月十五，兴犹未尽，于次日的晚上又邀约亲朋好友，继续赏月。

猜谜

中秋月圆夜在公共场所悬挂许多灯笼，人们聚集在一起，猜灯笼上写的谜语。

吃月饼

月饼最初是用来祭祀月神的祭品，后来人们逐渐把中秋赏月与品尝月饼，作为家人团圆的一大象征。人们还会把月饼当作节日食品，赠送亲友。

赏桂花、饮桂花酒

中秋之夜，仰望着月中丹桂，闻着阵阵桂香，喝一杯桂花酒，欢庆合家团圆，甜甜蜜蜜，已成为节日一种美的享受。到了现代，人们多是拿红酒代替。

玩花灯

中秋节是我国三大灯节之一，过节要玩灯。当然，中秋节没有像元宵节那样的大型灯会，玩灯主要是在家庭、儿童之间进行。

中秋宴俗

中秋节正逢诸果成熟，是个果子秋，有的老北京人直接称之为“果子节”。这些果品除了供人品尝，主要用于送礼或作供品。有的果农在果子成熟前，将用纸剪的“福”“寿”“佛”字等图案贴在果子上，不让阳光照射，等果子成熟之后再把剪纸揭去，果子上就留下了黄绿相间的图案，精美绝伦，让人喜爱。

中秋卖月饼

玩兔儿爷

兔儿爷是老北京特有的玩意儿，即便是再穷的人家，也会在中秋时给孩子买上一两只，添个乐子。小孩儿在八月十五前后模仿成人供兔儿爷，这是老北京特有的风俗。

过去北京从中秋节前的八月初一开始就有很多地方摆有兔儿爷摊子。楼梯式的货架上大的摆上层，小的摆下层，按尺码摆放。

有趣的兔儿爷，烘托出节日的气氛。

重阳节

遗产历史：2000多年

入选情况：第一批国家级非物质文化遗产名录（2006年）

申报地区或单位：文化部

重阳节已有2000多年的历史。中国古代文化中九为最大阳数，九九谐音“久久”，两九相重，故称“重阳”，又称“重九”。秋季也是一年中收获的黄金季节，重阳佳节，有长久长寿的含意，人们对此节日历来有着特殊的感情。

民间在重阳节有登高的风俗，所以重阳节又称“登高节”。它与除夕、清明节、中元节是中国传统节日里祭祖的四大节日。20世纪80年代，各地纷纷将重阳节定为老人节。

重阳节登高来历

据说，东汉时，汝南县有一个叫桓景的人，他所住的地方突然发生大瘟疫，他的父母都病死了，所以他到一座古老的山中拜师学艺。学成以后，山中的仙人费长房送给桓景一把降妖青龙剑。

一日，费长房说："九月九，瘟魔又要来，你可以回去除害。"桓景听从了费长房的话，带着青龙剑和一包茱萸叶、一瓶菊花酒，回到家乡带父老乡亲登高避祸。

九月九那天，他领着父老乡亲登上了附近的一座山。他把茱萸叶分给大家，告诉大家要随身带着，这样瘟疫就不敢近身。每人又喝了一口菊花酒，避免染上瘟疫。他自己和瘟魔搏斗，最后杀死了瘟魔。从那时起，人们就过起重阳节来，有了

故宫御花园堆秀山（重阳节皇帝、皇后会到此登高望远）

重九登高的风俗。

据史书记载，早在战国时期，重阳节时民间就有登高、饮菊花酒的风俗，到了唐代才正式定为节日。

旧时，北京人登高饮酒的风俗很盛行。南城可到天宁寺、陶然亭，北城可到蓟门烟树，远一点可到西山八刹。此时赋诗饮酒、烤肉分糕、登高远眺（兼有秋游之意），好不热闹。

重阳节活动

重阳节的活动丰富多彩，一般包括出游赏景、登高远眺、赏菊花、插茱萸、吃重阳糕、饮菊花酒等。

吃重阳糕

重阳糕作为节日食品，最早有庆祝秋粮丰收、喜尝新粮之意，之后民间才有了登高吃糕，取步步登高的吉祥之意。在北方，吃重阳糕之风尤盛。

旧时北京卖重阳糕的小贩，在打扮上很有讲究。“市上卖糕人，头戴吉祥字”，远远望去就知道是卖重阳糕的。重阳糕也是节日互相馈赠的礼物。老北京人多在这一天接出嫁的女儿回家，同尝重阳糕，共饮菊花酒。

饮菊花酒

重阳饮菊花酒的习俗起源于东晋大诗人陶渊明。陶渊明以隐居、作诗、饮酒、爱菊出名，后人效仿他，重阳就有了赏菊饮酒的风俗。农历九月俗称菊月，节日举办菊花大会，倾城的人赴会赏菊。菊花酒，在古代被看作是重阳必饮、消灾祈福的吉祥酒。直到明清，饮菊花酒仍很盛行。

佩戴茱萸

佩戴茱萸的传统，在老北京也比较盛行。茱萸又称越椒，是一种芸香科植物。其树高不过丈余，树叶阔厚，类似椿树叶，该树于三月开黄白相间的花，于七八月间结果，是常用的中药材。茱萸香味浓郁，有驱虫祛湿、逐风邪的作用。民间认为九月九也是逢凶之日，多灾多难，所以在重阳节人们喜欢佩戴茱萸以避邪求吉。茱萸因此还被人们称为“避邪翁”。

放风筝

放风筝也是历史悠久的北京民俗，它不但简单易行，还是老少皆宜的娱乐方式。到清代时，老北京放风筝更为盛行。

女儿节

九月初九，迎接女儿回娘家，取云片糕搭在女儿额头上，一边搭一边祝福女儿“愿儿百事俱高”，所以重阳节又称女儿节。这个风俗至今仍在北京郊区一些地方流传。

农历二十四节气

遗产历史：2000多年

入选情况：第一批国家级非物质文化遗产名录（2006年）

申报地区或单位：中国农业博物馆

二十四节气发源于春秋时期的黄河流域，是古人通过观测天文、气象、物候等，将一年划分为若干时段，并为之命名而成的。

前104年，西汉颁行《太初历》，首次将二十四节气订入历法。千百年来，它指导着我国传统农业的春耕、夏耘、秋收、冬藏，以及人们日常生活的衣食住行，影响至今。

从天文学上讲，二十四节气以地球围绕太阳公转一圈作为一个周期，概括了不同时节太阳照射地球的不同位置，直接反映了太阳对地球生态的作用。

二十四节气可分为4种类型：一是寒暑变化，如立春、春分、立夏、夏至、立秋、秋分、立冬、冬至；二是气温升降，如小暑、大暑、处暑、小寒、大寒；三是降水多寡，如雨水、谷雨、白露、寒露、霜降、小雪、大雪；四是物候和农事，如惊蛰、清明、小满、芒种。二十四节气还进一步分为七十二候，每一节气为 15 天，以 5 日为一候，每候对应一种自然现象，如惊蛰一候桃始华、立夏二候蚯蚓出、冬至三候水泉动。

我们就是根据这些节气的特点来生活和工作的，并享受着一年四季给我们带来的丰富体验。

二十四节气的来历

二十四节气兴起于黄河流域，在春秋战国时期就有仲春、仲夏、仲秋、仲冬 4 个节气。当时农业生产比较繁荣，人们迫切需要掌握气候变化的规律。于是，人们通过不断观察，找到气候变化的规律，用在农业生产上。

如在某一天，太阳的影子竟然达到了最小值。但是随着天气逐渐变化，等转冷的时候，竟然发现影子在某一天达到最大值。这就是夏至和冬至这两个节气。

后来人们又发现，一年中有两天的白天和夜晚是一样长的，这就是春分和秋分。随着科学的不断发展，技术的不断进步，二十四节气中的其他节气也被一一发现。

物候

物候是指生物的周期性现象（如植物的发芽、展叶、开花、结果、落叶，候鸟、昆虫及其他动物的迁徙、初鸣、终鸣、冬眠等）与季节气候的关系，也指自然界非生物变化（如初霜、终霜、结冰、消融、初雪、终雪等自然现象）与季节气候的关系。

七十二物候是中国最早的结合天文、气象、物候知识指导农事活动的历法。它以五天为一候，三候（初候、二候、三候）为一节（气），一年七十二候，共二十四节气。

研究物候，是为了更好地服务于农业生产和科学研究。利用物候知识来指导农业生产的研究，在世界各国已经发展成为一门学科。

能够熟悉这些大自然的语言，对于农业生产有很大的帮助，如杏花开了，它在告诉人们，赶快耕地；桃花开了，又在暗示人们赶快种谷子；而布谷鸟的鸣声，又让人们知道该割麦插禾了。

还有一些和物候有关的谚语，如“清明早，小满迟，谷雨种棉正适时”“立夏到小满，种啥也不晚”“芒种麦登场，秋耕紧跟上”“小暑不种薯，立伏不种豆”“白露早，寒露迟，秋分种麦正当时”。

二十四节气的现状

二十四节气为中国大众所普遍接受，日常生活中随处可见二十四节气的影响，一些节气和民间文化相结合，已经成为人们的固定节日。

最著名的清明、立春、立夏、冬至都融入了节日的氛围，夏至、暑伏也与人们日常生活紧密相连，民间有“冬至饺子，夏至面”“头伏饺子，二伏面，三伏烙饼摊鸡蛋”“冬练三九，夏练三伏”等说法。

二十四节气指导了中国古代农业生产，具有很高的农业历史文化研究价值。

在国际气象学界，二十四节气被誉为“中国的第五大发明”。

楹联习俗

遗产历史：1700多年

入选情况：第一批国家级非物质文化遗产名录（2006年）

申报地区或单位：中国楹联学会

楹联，又称对联、对子、联语等，是书写于纸上及贴于或刻在楹柱上的对偶语句，讲究对仗工整、平仄协调、言简意赅，是我国汉民族独创的一种文学形式。

楹联源于我国古代汉语的对偶语句，早在西晋时期，就已出现合律讲究的对句了，这些对句可视为其形成的重要标志。此外，这一习俗也与两汉时期悬挂桃符有关，当时人们将神荼、郁垒的名字写在两块桃木板上，悬挂于门的左、右，以驱鬼压邪。

宋代以后，民间悬挂春联相当普遍，同时出现了名胜古迹联、寿联、挽联等。明太祖朱元璋提倡此习俗，楹联就以春联形式普及开，人们开始用红纸代替桃木板书写春联。清代楹联形式丰富多样，突破了以五言、七言为主的格律诗句式，创造出多种形式，有诗句、散句，也有长联、短联。

彩绘门神、挂钱

楹联一般以两行文句为一副，并列竖排展示，自上而下读，右为上联，左为下联，言简意赅，雅俗共赏，人称“诗中之诗”。

如今，楹联习俗依旧广为流传，以农历新年张贴春联为最常见，由此可以看出人们对美好生活的期望和为节日增添气氛的闲情雅趣。

楹联习俗的发展

楹联相传源于五代后蜀主孟昶。据《宋史·蜀世家》记载，孟昶“每岁除，命学士为词，题桃符，置寝门左右。末年，学士辛寅逊撰词，昶以其非工，自命笔题云：‘新年纳余庆，嘉节号长春。’”。孟昶在桃木板上题写的这两句成了中国最早出现的一副春联。

一直到了明代，人们才开始用红纸代替桃木板书写春联，用红纸书写春联的习俗留传至今。到了清代，对联曾鼎盛一时，出现了不少脍炙人口的名联佳对。由此可见，朱元璋采取行政命令要求家家户户贴春联，对春节贴春联的风俗起到极大的推动作用。

北京民居的春联

楹联的特点

楹联言简意深，对仗工整，平仄协调，是汉语语言独特的艺术形式，是中华民族的文化瑰宝。依据功用不同，楹联的种类可分为春联、喜联、寿联、挽联、装饰联、风景名胜联、自题联、行业联、交际联、谐趣联等。

楹联可以是四言、五言、六言、七言、八言、九言，也可以是十言、几十言。在我国古代建筑中，甚至还有多达数百字

故宫养心殿西暖阁“勤政亲贤”殿悬挂的对联

的长联。楹联形式多样，有正对、反对、流水对、联球对、集句对等，但不管使用何种形式，必须具备以下特点：

第一，要字数相等，断句一致；

第二，要平仄相合，音调和谐；

第三，要词性相对，位置相同；

第四，要内容相关，上下衔接。

此外，张挂的楹联必须直写竖贴，自右而左，由上而下，不能颠倒。与楹联紧密相关的横批，可以说是楹联的题目，也是楹联的中心。好的横批在楹联中可以起到画龙点睛的作用。

楹联习俗的传承

楹联以文字为内容、以书法为载体，种类繁多，包括纸裱、镜框、木刻、石刻、竹刻等。

无论是咏物言志，还是写景抒情，楹联都要求作者具有较高的概括力与驾驭文字的本领，这样才可能以寥寥数语做成文情并茂、形神兼备的楹联。好的楹联能给人以思想启迪和艺术美的享受。

楹联习俗在华人乃至其他使用汉语的地区，以及与汉语汉字有文化渊源的民族中传承、传播，对于弘扬中华民族传统文化有着重要作用。

珠算文化

遗产历史：1800多年

入选情况：第二批国家级非物质文化遗产名录（2008年）

申报地区或单位：中国珠算心算协会

珠算是用算盘计算的方法，“珠算”一词最早见于汉代徐岳撰《数术记遗》。

明代经济高度繁荣，由于商业发展的需要，珠算得到普遍推广，逐渐取代了以前通用的筹算。在此情势下，明代程大位编撰的《直指算法统宗》为珠算的推广和发展起到了极其重要的作用。

明代以后，中国珠算先后传到日本、朝鲜及东南亚国家，近年又逐渐流行于美洲。珠算曾经在我国第一颗原子弹研制过程中立下汗马功劳，由于当时我国缺乏计算机，大量的计算工作是人用算盘来完成的。进入信息化时代以后，珠算开始走向衰落，其计算功能已由电子计算机承担。

珠算的起源

萌于商周

珠算是用珠做计数元件，以一定方式排列，用以表示数字，然后根据五升十进制的原理进行计算。我国在 3000 多年前的商代就已有了完备的十进制记数系统。目前发现的最早用来计算的圆珠便是西周时期的陶丸。

始于秦汉

“珠算”一词最早出现在汉代徐岳撰《数术记遗》中。书中一共记载了我国汉代以前的 14 种算法及算具，这种“珠算”被称为“游珠算板”，它与现在使用的算盘有所不同，但其计算原理已是五升十进制，所以可视为现代算盘的前身。

成于唐宋

《清明上河图》是北宋大画家张择端的著名作品。这幅画

中华苏维埃共和国国家银行使用的21桥算盘

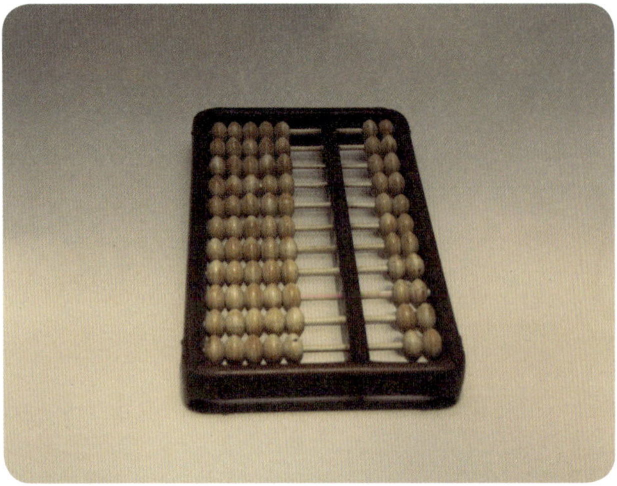

明代算盘

生动地再现了当时东京汴京（今河南开封）城内人民的生活、生产、商业贸易及集镇、农村的真实面貌。在画卷的最左端有一家“赵太丞家”药铺，药铺的柜台上就放着一个算盘。因此可以推断《清明上河图》中的算盘显然在唐末以前就已经出现了。由此可知宋代已开始使用算盘。

珠算口诀的来历

我国传统算盘为上二下五珠，上面一粒表示“5”，下面一粒表示“1”，在用算盘进行计算时采用五升十进制，即每一档满“5”时便用一粒上珠表示，每一档满“10”时便向前一档进“一”。依此每一档只要用上一下四珠就够了。

为什么我国传统算盘是上二下五珠呢?

原因之一：我国古代计算重量时采用的是“16 两制”，即一斤等于 16 两。现代人常说某两个人半斤八两，就是指他们彼此一样，不相上下。

上二下五珠，每一档可计算到“15”，这样“满 16”就向前一档进一。所以我国传统的上二下五珠算盘是为适应十六进制而形成的。

原因之二：古代乘法采用“留头乘”，上一珠不够用，必须要上二珠，一些老财会人员受长期习惯影响，仍喜爱使用上二下五珠算盘，但国内外使用的多是上一下四珠算盘。

珠算四则运算皆用一套口诀指导拨珠完成。

乘法所用的“九九”口诀，春秋战国时期已在筹算中应用。北宋科学家沈括在其《梦溪笔谈》中也介绍过“增成法”，“唯增成一法稍异，其术都不用乘除，但补亏就盈而已。假如欲九除者增一便是，八除者增二便是，但一位一因之”。“九除者增一”，后来变为“九一下加一”；“八除者增二”，后来变为“八一下加二”等口诀。

南宋数学家杨辉在《乘除通变算宝》中叙述了“九归”，他在当时流传的 4 句“古括”上，添注了 32 句新口诀，与现今口诀接近。

元代朱世杰的《算学启蒙》记载有九归口诀 36 句，和现今通行的口诀大致相同。

珠算的现状

打算盘曾经是“买卖家儿”（商铺）的基本功。铺子的徒弟，不论卖什么，进门必须先学打算盘。口诀烂熟于心，练得手指灵动准确，如同今天操作电脑键盘，不必劳动双眼，绝无分厘毫丝差错，这是硬功夫。

时代在进步，珠算于我们而言意义依然重大，从以珠算为基础发展出来的珠心算，不仅是在传承中华优秀传统文化，同时在启发智力、培养学习能力等方面具有独特的育人价值。

敛巧饭习俗

遗产历史：180多年

入选情况：第二批国家级非物质文化遗产名录（2008年）

申报地区或单位：北京市怀柔区

怀柔区琉璃庙镇的杨树底下村，空气好，树木成荫，水果和农产品都很多，前来观光游玩的人络绎不绝。但来杨树底下村的人中，更多的是对村里的故事更为好奇。

村里有个神雀台，是杨树底下村人为了答谢雀儿救命之恩建造的。神雀台是一根高约 10 米、直径约 2 米的雀图腾柱。柱子的顶端挥翅落定的神雀，高足有 1 米多。柱子的表面，是用剪纸的手法雕刻的，上面显示的是神雀衔种及山民耕种劳作的场面，热闹非凡。神雀台上的神雀栩栩如生，前来观看的人不忍离去，纷纷想知道这背后的故事。

敛巧饭习俗的起源

起源传说一

相传在清代嘉庆、道光年间，有霍、靳两家的先人，逃荒到琉璃庙镇的杨树底下村，并决定在此居住下来。建村种地时，两家先人出去寻找种子，但无功而返。回来的途中，他们遇到几只山雀，这几只山雀叼来种子放在二人面前，两家人用这些种子种出粮食，得以生存下来。因山雀救了两家人，后来山雀就成了当地人的信仰和图腾，人们在此搭建了神雀台，每年正月十六，人们都会在神雀台扬饭喂雀儿。

这一天，村中德高望重的老人吆喝一声："开饭啦！"敛巧饭正式开吃。大家高高兴兴地拿着碗，围着大锅盛饭，不时有人喊"给我来一碗"，声音透着兴奋，气氛热烈。杨树底下村从此有了在一起吃敛巧饭的习俗，到今天为止，已经有 180 多年的历史了。

起源传说二

相传，村里年景不好，村民们很焦虑。更不幸的是，他们种地的时候把仅有的几颗种子掉到了石缝中。正当村民们惶恐无措时，从远处飞来几只山雀，它们钻进石缝里，把种子叼了上来，送到村民们面前。村民们心存感激，对山雀说："感谢你们的救命之恩，等明年我们种出粮食，一定先供奉你们。"

于是，每年村民们在吃敛巧饭前总会有"扬食敬鸟"的仪式。

大家一边吃饭，一边畅谈过去一年丰收的景象和今年风调雨顺、五谷丰登的美好愿望。

敛巧饭习俗活动

1949 年以前，在大杨树旁建有村庙。

每年全村人吃完敛巧饭，都要走会，即表演花会。花会队伍需先举行拜庙仪式，然后走街串巷表演，表演完毕，再回到村庙庙台处。

这时，村里请的戏班与花会队伍互道辛苦，然后戏班开始唱戏。

花会表演服饰

另外，村民在吃敛巧饭的过程中，还有踩高跷、划旱船、跑驴、“什不闲”等民间花会表演，以及村民“走百冰”等活动。

“走百冰”，即在村南结冰的小河上走百步。“冰”与“病”谐音，意思是“走掉百病”“去掉百病”，祝福来年无病无灾。

敛巧饭习俗的现状

现今敛巧饭再不是过去的形式和规模了，由于它影响的扩大，很多身在异乡的人也会千里迢迢地赶来，为的就是图个吉利和热闹。为此，政府近几年来已投入约 70 万元，使敛巧饭越办越好，越办越大。为了更好地传承敛巧饭民俗活动，怀柔区每逢春节会举办为期 3 天的敛巧饭民俗风情节庆祝活动。

怀柔区琉璃庙镇政府向杨树底下村先后投资 65 万元，兴建了 5000 平方米的敛巧饭文化广场，广场根据活动需要分为休闲区、杂耍区、就餐区、表演区等多个区域，以适应敛巧饭民俗活动的需要。

九曲黄河阵灯会

遗产历史：600多年

入选情况：第二批国家级非物质文化遗产名录（2008年）

申报地区或单位：北京市密云县（今密云区）

九曲黄河阵灯会是北京市密云区元宵节期间的一项传统民俗活动，在东田各庄村流传至今。东田各庄村属太师屯镇所辖行政村，位于镇域南部，距密云区城区中心30千米。因田姓村民首先在该地定居，后发展成村，故名。

据史料记载，九曲黄河阵灯会兴起于唐代，流传于甘肃、陕西、山西等黄河沿岸地区。明洪武四年（1371年）和洪武五年（1372年），密云迁入山西移民35个屯，古老的黄河阵灯会也被移民带来，至今已有600余年历史。

九曲黄河阵的起源

相传商朝末年，财神爷赵公明应闻太师之邀，携胞妹的“金蛟剪”助纣，大败武王兵将。后来，矮脚道人用“扎草人”的法术，将赵公明杀害。赵的胞妹为给哥哥报仇，摆下了九曲黄河阵。后来九曲黄河阵流传至民间，形成九曲黄河灯阵，后来发展成为九曲黄河阵灯会。灯阵曲折绵延如黄河之九曲十八弯。

九曲黄河阵灯会的特点

每年春节期间，东田各庄村从农历正月初十开始扎灯，正月十四、十五、十六3天正式举行灯会。灯会期间，人们从四面八方赶来观灯赏会，走灯阵，看大戏。走进灯阵入口以后，如能顺利地通过连环阵，再从出口返回，就意味着一年顺顺当当、平平安安，故当地有“顺着灯阵走，能活九十九”的说法。

村中有位老人保存有九曲黄河阵灯会图谱，据说此图谱已有百年的历史。图谱中的阵式，是按周易九宫八卦方位，以富贵不断头的传统图案九曲而制成的。阵内有九宫，即乾、坎、艮、震、巽、离、坤、兑八宫再加上中宫，九宫是模拟古代战场上的阵法而制成的。

九曲黄河阵是一个正方形灯阵，灯阵内有 9 个正方形，又称九宫八卦阵。灯阵内有 361 根秫秸秆扎成的灯柱，相邻灯柱间的距离相等。灯柱高约 140 厘米，上方交替穿插灯或小旗子。之前的灯，是将红萝卜挖成碗的形状，里面放入蓖麻油，点燃用棉花做的灯捻，外面用剪刀剪成荷花瓣状的皱纹纸作为灯托。

九曲黄河阵灯会活动丰富，除了灯阵，还有民间舞蹈、民间花会，多种精彩的表演吸引了不少观众。到了夜晚，鞭炮、锣鼓、喧闹声由远而近，人们跟着各种表演队伍拥向灯场。参与各种表演的人们，都使出浑身解数，争相竞技，以图夺取灯会的魁首。观众也看得很开心，流连忘返。

转灯时，数百盏小灯汇集成一座灿烂辉煌的灯城，人们尽情地进入灯阵游走，但要按一定路线走，走错了就会重复或迷路，甚至转不出来。从入口开始，部分灯柱间以篱笆阻隔、禁止通行的方式形成路过每一根灯柱的路线。人们顺利地通过连环阵，再从出口返回，意味着一年和和顺顺、平平安安。

九曲黄河阵灯会的现状

2019 年的东田各庄村九曲黄河阵灯会，于 2 月 19 日举行，全体花会演员阵容强大，由 120 人组成，共有 8 档会。为了让九曲黄河阵灯会这一非物质文化遗产传承下去，在表演当中，还有村里的青少年积极参与，虽然他们的表演略显稚嫩，但依然受到了现场观众的赞许。

厂甸庙会

遗产历史：200多年

入选情况：第一批国家级非物质文化遗产名录（2006年）

申报地区或单位：北京市宣武区（今西城区）

厂甸庙会最早兴起于北京的一条胡同。元代在这条胡同设琉璃官窑，窑前空地被称为厂甸。

厂甸庙会是北京正月里最热闹的地方。在北京生活的人，很少有人没逛过厂甸庙会。那一眼望不到头的画棚子、数不清

年画——《新正逛厂甸》

的大大小小的书摊儿、一个接一个的古玩摊儿、炫人眼目的珠宝玉器摊儿、各式各样的小吃摊儿等，都会给人们留下永久的回忆。

厂甸庙会的起源

厂甸本是琉璃厂街上原海王村后面的一条胡同。明朝时，因为北京是国家的首都，各省都在北京设有会馆，每年来参加考试的学子都会在此住上一段时间。时间久了，就促进了此地的书肆、文物、纸店等商业活动的发展。

厂甸庙会是北京市的汉族民俗及民间宗教信仰活动场所，在北京的所有庙会中规模最大、京味儿最浓、最为著名，与南京夫子庙庙会、上海城隍庙庙会、成都青羊宫庙会合称中国四大庙会。在旧京城的众多庙会中，唯有厂甸庙会，不以庙为名，但是厂甸也有庙，它们是火神庙、吕祖祠和土地庙。现在这 3 座庙已改作他用或被拆除了。

厂甸庙会每年正月初一至初五举办，据记载，厂甸庙会极盛时期，会出现几十万人逛厂甸庙会的场面，那是北京城的一景。

厂甸庙会的主要活动

过去的庙会都是有宗教活动的，厂甸庙会也不例外。每年正月，前来烧香祈福、求签问卜的善男信女们，化缘求布施的道士们，都会来海王村公园东门外的吕祖阁求拜。一些天桥艺人把摊儿也搬到了厂甸，耍中幡的、撂跤的、唱莲花落的、捏面人的，都集中在这里。

1918 年，市政当局正式规定每年农历正月初一至十五，以厂甸和附近的海王村公园为中心，举办大型庙会集市。庙会期间，海王村公园水法池前面的广场开辟为茶社。茶社的伙计系着白围裙，大声地向游人招揽生意。茶社四周，有卖元宵、灌肠儿、艾窝窝、驴打滚儿、豆腐脑儿、馄饨等的摊子，十分热闹。

还有的摊子上摆满了孩子们喜欢的玩具和食物，如空竹、地轴儿、泥人儿、竹木、刀枪、风车，以及香甜味美的糖葫芦、糖人儿等。

曾经的庙会以封闭型的游园形式为主，随

厂甸庙会卖大糖葫芦的雕塑

着社会的发展，庙会实行了开放型步行旅游商业街模式，内容也相应地增加了，有老北京传统花会、旧京民俗老照片展、传统商业“幌子”展、老天桥绝活儿表演、京剧等，形式多样。

庙会上还可以看到舞狮、现代舞、北京民俗人物造型、民间手工艺展、武术、杂技等，以及琉璃厂文化街上的众多老字号展出的各种木版水印、文物复制、制笔工艺、古旧图书修复技艺等。

最有意思的是庙会上的坐花轿、跳火盆、掀盖头等老北京的传统婚礼仪式，观看的人最多。

厂甸庙会的现状

厂甸庙会1963年以后中断，2001年恢复。从2001年1月24—29日，即农历正月初一至初六，以南新华街、东琉璃厂西街为主线，举办了厂甸庙会。

2011年的厂甸庙会是北京市宣武区和西城区合并后的第一届庙会，这届庙会既延续了传统，又有所创新。新时期的厂甸庙会以其悠久的历史、宏大的规模、开放性的形式，尤其是鲜明的京味文化在北京独树一帜，已成为展示和宣传京味民间文化的窗口及平台。厂甸庙会是民间文化艺术精品荟萃的舞台，具有深厚的文化底蕴和广泛的社会意义。

妙峰山庙会

遗产历史：300多年

入选情况：第二批国家级非物质文化遗产名录（2008年）

申报地区或单位：北京市门头沟区

妙峰山古称“妙高峰”，地处北京西郊，距市中心35千米，属北京市门头沟区管辖。妙峰山庙会每年举行两次，农历四月初一至四月十五为春香，七月二十五至八月初一为秋香，

妙峰山惠济祠

妙峰山回香阁

其中以春香为盛。庙会活动区域分娘娘庙和香道茶棚两部分，娘娘庙建在山顶，由灵官殿、惠济祠、回香阁、玉皇顶等建筑构成。

妙峰山庙会是华北民间规模最大的朝香活动，始于明代中后期，清代最盛，每年香客有数十万人。香会有数百档，会首是香会的组织者、指挥者和主要传承者，会中的各种规矩、礼仪、技艺均由会首以师带徒的方式传承下去。

妙峰山庙会的起源

明永乐年间，山西各州县的许多移民迁至京西山乡。移民后的山西百姓，也带来了他们的习俗。他们在正月十五这天，敬娘娘、闹社火、演百戏杂剧、走会表演等；七月下旬至八月初“婆婆神会”祀娘娘，迎神走会及秋社赛神。其中一些大村陆续修建天仙庙，供奉天仙圣母碧霞元君。

庙会活动以供奉天仙圣母碧霞元君为主要内容，集丰富多彩的民间花会、戏曲曲艺表演、观赏自然风光和热闹繁华的集市活动于一体。

每年七月二十五至八月初一，百姓除了朝山进香、迎神走会，还有“祭麻谷”“挂地头”等祈祷年丰的习俗。

妙峰山庙会的主要内容

清初，京西山乡各村、街、行业、衙门组织各种各样的香会。众多香客成为参加妙峰山庙会的主体。香会组织工作细致、分工明确，分为文会和武会。

文会

文会也称善会，承担服务性工作，主要是为香客提供食、住、行等服务，以及提供庙会需要的各种物资等。

文会分为开山会、修道会、清道会、拜席会、巧炉会、茶叶会、拜垫会、盘香会等。

还有一种会叫惜字会，他们负责会后的清理工作，捡拾香道沿途的香纸、残文、废纸，集中焚化。

武会

以表演技艺“酬神”为宗旨，也称花会，源于远古的“社火”。社火又称百戏、杂戏，属于民间技艺表演。妙峰山的武会分为井字里（会规以里）和井字外（会规以外）两种。井字里的会档共有13档，表演用的道具和器材，都是从娘娘庙里的用具、用品、设备演化而来的。

老会、圣会、皇会

老会成立的时间要长些，指的是立会超过百年的香会。圣会也称盛会，是在京西山乡成立、时间较短的香会。香会中还有一种特别的“皇会”，指的是曾经受过“御赏”或“御赐”的香会。

同治、光绪年间，每逢庙会，慈安、慈禧两宫太后经常坐在颐和园北宫门的门楼上，观赏武会表演。两宫太后喜欢的节目，会召进园内表演或者加以赏赐，这样的香会就被称为“皇会”。可在会名前加上“万寿”“万寿无疆”等字样，会旗也由蓝色变为黄色，上面还可以绣龙。

妙峰山庙会的现状

20世纪六七十年代，妙峰山遭到破坏，山顶庙宇荡然无存，一片断壁残垣。1985 年，区委决定启动妙峰山重建工程。1988 年，妙峰山顶娘娘庙基本建成。1993 年，政府正式批准妙峰山举办首届春香庙会，从此妙峰山庙会名气大振。妙峰山的重建，使得老北京民间香会文化传统得到弘扬，优秀文化的传承得以延续，在弘扬北京历史悠久的庙会文化方面意义重大。

1993—1998 年，政府进一步完善庙宇服务设施，这期间妙峰山年年举办庙会。

2014 年 9 月，妙峰山香会博物馆正式对游人开放。人们在这里可以通过图文、实物展示，看到百年来民众到妙峰山朝顶进香的历史，了解北京及周边民众围绕妙峰山朝顶进香所呈现的民俗生活。

妙峰山作为近代北京地区民众的信仰圣地，其庙会保留下来的以民间信仰为特点的传统民间吉祥文化，是研究华北地区民众世界观和生活情状的重要依据，在民俗学研究中具有重要的参考价值。

东岳庙庙会

遗产历史：600多年

入选情况：第二批国家级非物质文化遗产名录（2008年）

申报地区或单位：北京市朝阳区

东岳庙铜特

东岳庙庙会是北京地区历史十分悠久的大型庙会之一。东岳庙兴建于元代，后经多次扩建成为北方最大的正一派道观，坐落于北京朝阳门外神路街，由玄教大宗师张留孙和他的弟子吴全节筹募资金所建，赐名东岳仁圣宫，主祀泰山神东岳大帝。

元代时，此处是大都通往漕运的门户通州城的要道，只要取道大运河和直沽海道进京的客商，都会在这里停留。因漕运发达，交通便利，市场繁荣，所以东岳庙香火非常旺，东岳庙庙会也成为北京记载最早的庙会。

东岳庙玉马

据《帝京景物略》记载："帝诞辰，都人陈鼓乐、旗帜，楼阁亭彩，导仁圣帝游。帝之游所经，妇女满楼，士商满坊，肆行者满路，骈观之。"这段话说的是东岳庙每年旧历三月二十八，东岳仁圣大帝巡游盛况。从中可以看出当时热烈的场面。

到了清代，每逢东岳大帝诞辰，寺庙都要举行祭祀。民间的香会组织敲锣打鼓，旗帜飘扬。香客、游人挤在路上，每天有成千上万人出入朝阳门。

民国以后，东岳庙也常有庙会，直到除夕关山门。

历史上东岳庙庙会主要在每年农历三月十五至三月二十八，春节和每月朔、望之日举行，以农历三月二十八东岳大帝诞辰日为最盛。正月初，庙里的住持凌晨1点听到钟声就起来，开始到所有的神像前顶礼进香。香烧齐了，再敲岱宗宝殿里的大鼓、铜钟。庙里的杂役听到大殿的钟鼓声，就跑到钟楼、鼓楼鸣钟、击鼓，开山门。这就是"开庙式"。开庙式这天，有许多善男信女，天不亮就站在庙门口等候，门一开就争先跑进去，抢着烧头炷香，表示虔诚。

东岳庙庙会的传说

东岳庙庙会留下不少有趣的传说，包括小金豆子、透亮碑儿、机灵鬼儿等。

小金豆子

岱宗宝殿是东岳庙的主殿，在它西侧的走廊上，有一块方石。方石上面露出闪光的小金点儿，这块方石后来就被人们顺口说成“小金豆子”。后来这块方石被鉴定出含铜，所以才露出金色。如今，这块方石被封上了玻璃罩加以保护。

透亮碑儿

透亮碑儿

石碑立于清顺治七年（1650 年），碑头有镂空的蟠龙，阳光可以从镂空处穿过，所以此碑被人们称为

"透亮碑儿"。

机灵鬼儿

东岳庙的东碑林里有一个清顺治年间的《重建东岳庙金灯碑记》碑，碑座的两侧各刻有一个提着灯笼的小道童。因小道童雕工精湛，所以不论从哪个方向看去，都感觉小道童的眼睛在看着人笑。因此，这两个小道童被人们称为"机灵鬼儿"。

也有传说，说这两个小道童常在晚上提着灯笼出庙玩耍，在庙门外看到小摊儿上卖的糖果，他们没钱，只好赊糖果吃。久了，摊主到处打听，可是没有人见过两个小道童。后来摊主在街上发现了两个小道童，便偷偷尾随，只见两个小道童进了庙门，再找，就不见踪影了。

第二天摊主到庙里，发现碑座上刻的正是这两个小家伙。于是，他将左边小孩儿的灯笼用纸糊上，右边小孩儿的一只脚用

机灵鬼儿

线捆住，这样小道童就没办法出来了，也就不能出去玩耍和赊糖果了。

东岳庙庙会的现状

1995 年，东岳庙被辟为北京民俗博物馆，这里每年举行春节庙会，有各种各样的民俗表演。北京民俗博物馆共有 9 个连续展室和 4 个独立展厅，常年举办民俗风物展览。自 1999 年开放至今，北京民俗博物馆先后推出“北京东岳庙历史展”“老北京人的生活展”“中国百年民间服饰展”“人生礼俗文物展”“锦州满族医巫闾山剪纸展”等数十个展览，赢得社会好评。

千军台庄户幡会

遗产历史：400多年

入选情况：第四批国家级非物质文化遗产代表性项目名录（2014年）

申报地区或单位：北京市门头沟区

千军台、庄户是京西门头沟区的两个山村，其中千军台紧邻大寒岭和大安山。大寒岭历来是兵家必争之地，经历过太多的沧桑与战火。2018 年 3 月，千军台村入选北京首批市级传统村落名录。

千军台庄户幡会的起源

每年元宵节期间，千军台、庄户两村都会联合举行幡会，祭神祈福。幡会是山村古庙会的产物，以请神、祭神、送神为主要内容。幡会进行期间，全体村民高擎神幡载歌载舞走会互访。千军台庄户幡会又称香道会。据考证，受过皇封的千军台庄户幡会始于明朝，兴于清朝，距今已有 400 多年历史，共传承了 17 代。

千军台庄户幡会的活动内容

幡会古称“天仙会”，是民间朝顶进香和走会的一种有组织的活动形式，旧时归入村歌舞一类的民俗活动。活动内容包括正月十四晚上请神；正月十五千军台为主村，庄户村的幡队到千军台村拜访；正月十六庄户村为主村，千军台村的幡队前往庄户村；正月十六晚上送神。

下午 3 点，主村的幡旗及会档就早早在村口恭候。客村的队列到达后，两村的会首在村口见面后互相问候。会首由德高望重的老者担任。

幡会开始要举行隆重的仪式，首先，点燃香烛，烧神纸，膜拜诸佛，同时要“号佛”。

队伍中有庄户村的大鼓会、音乐班，千军台村的狮子会、秧歌队，轮流上演，热闹异常。全部幡旗高高擎起，按顺序编排组合为一个队伍，随着音乐，人们开始各项表演。幡队前旧时有手持银锤、铁锏的壮士开道，据说壮士手持的武器是明代皇帝御赐之物。紧接着是簇拥着灵官元帅绣像幡旗的五虎少林会，十八般兵刃汇聚，大秧歌队伍轻歌曼舞，一对活泼可爱的狮子蹦跳出现。

幡会共21面幡，千军台村有10面幡，庄户村也有10面，还有一面则是由两村共有的“敕封宛平县千军台庄户朝顶进香会”幡。

吹奏乐班的民间艺人们演奏古曲《柳公宴》、打击乐班演奏古曲《过街仙》，这些民间艺人的演奏，此起彼伏，不间断。

在幡旗队伍中，还有送姑娘出阁的推车老汉、花轿边来接亲的傻柱子，以及20对穿黄马褂的少年翻着跟头，跟大家摆手示意。

最吸引人的是擎幡旗的青壮年大汉，他们手中上百斤的绣像神灵的标志幡，似乎没有分量。只见他们时而将沉重的幡旗单手高举，时而将其用脑门顶起来，更厉害的是有人竟用下巴

千军台庄户幡会盛景

当托，他们有时将幡旗从左肘颠到右肘，或是将幡旗在身前身后旋转数周，这些表演充分展现了小伙子强壮的体魄和豪爽的性格。

号佛

所谓号佛，就是众人大声地唱诵咏赞神佛的经文，要用粗犷厚重的腔调念出一字一顿、斩钉截铁的气势，间或使用富有变化的长长的拖腔。

在千军台、庄户两村的古幡盛会中，每年正月十四走会之前和正月十六走会即将结束之夜，都要号佛。

当两村幡队在村口见面，首先要悬挂神马，上香膜拜，号佛正式开始。

每号完一位神佛，就要用笙管云锣演奏一段名为《号佛皆贺》的曲子。

丫髻山庙会

遗产历史：400多年

入选情况：第五批国家级非物质文化遗产代表性项目名录（2021年）

申报地区或单位：北京市平谷区

据《平谷县志》记载，丫髻山庙会为京东最大庙会，明嘉靖时即有，距今已有400多年的历史。明代以农历四月十八为进香日，会期5天，清初改为四月初一至四月二十，会期20天，是北京地区娘娘庙会中会期最长的庙会。庙会期间，北京城内及大兴、通州、顺义、密云，甚至天津、河北省等方圆数百里的人们纷纷前来朝山进香，清内务府照例派官员前来主持祭祀。

丫髻山庙会的由来

要说丫髻山庙会的由来，时间得穿越回唐贞观年间，相传那时就已经有道人在丫髻山上修炼了。到了元朝，据说有人在山顶上建起了碧霞元君祠。明朝时，明世宗还专门赐过“敕赐护国天仙宫”的匾额。《光绪顺天府志》记载：“在丫髻山……往来迅速，人异之，施者渐众，殿以告成。每岁四月十八，四方聚会五日。入国朝，香火日盛。”可见在光绪年间，丫髻山庙会就已经变得热闹起来。

丫髻山道观在清朝时成为皇家祭祀的重要之地。据说康熙皇帝曾经两次驾临，在他 60 岁大寿时，还专门在这里建起了万寿道场。

到了康熙六十年（1721 年），丫髻山庙会达到了鼎盛，后来，乾隆、嘉庆、道光等皇帝都曾驾临丫髻山，还举行过赐匾、留题、存碑刻等活动。

遗憾的是，在晚清时期，由于外敌入侵，皇家的进香活动不得不从丫髻山迁到了京西的妙峰山。

虽然丫髻山已经不是皇家祭祀圣地，但在百姓心中它依然是从前那个令人崇奉的道教圣地，更是保佑百姓免遭战乱之灾的圣地。有了民众的信仰做基础，丫髻山道观方能维持并延续千年道教文化精髓。

丫髻山庙会的旧日盛况

丫髻山因山顶上的两个高峰看起来像古代少女头上的两个丫髻而得名。丫髻山位于北京市平谷区刘店乡，海拔 363 米，是京东名胜，和妙峰山齐名。这里视野开阔，风景秀丽，又因为山上有道观，因此一直以来深受皇家和百姓们的尊崇。尤其是康熙皇帝，在丫髻山修建玉皇阁来祝寿，还专门题匾额“清虚真宰”。

原来山上有历代立的石碑。现存的是清代和民国年间立的几十座石碑。

旧时，无论是皇亲国戚还是平民百姓，大家都很注重庙会的祭拜活动。丫髻山当时就是人们造访次数比较多的圣地，每年的 4 月吸引多地商民和民间花会、香会等数万人赶庙朝山。有碑言：“每岁孟夏，四方之民众会此祈祷者，骈肩叠迹，不可胜计。”由此可以看出，很多人从四面八方赶来，有求祥祈福的，有求医问药的，还有还愿拜谢的，等等。

除了一些前来祭拜的人，在山路的两旁还会设一些茶粥生意的摊位，呐喊声、叫卖声不绝于耳，最惹眼的要数前来献艺表演的队伍，他们边走边表演、边打边唱，热闹非凡。到了晚上，除了一些表演比较惹人注意外，最吸引人的就是丫髻山的夜景了。以小灯排成“碧霞元君”4 个字给香客照明，站在山顶向下望，满山灯火，亮如白昼。丫髻山这种盛大的祭拜活动一直在民间流传着，集民间艺术、传统文化、民间信仰、商贾休闲于一体，深受皇亲国戚、达官显贵及普通民众的喜爱，有人甚至每年都会到这里祭拜。

丫髻山庙会的现状

丫髻山庙会于1956年停办，1987年恢复，现每年多开始于农历四月初一，会期约20天。

北京豆汁食俗

遗产历史：300多年

入选情况：第二批北京市级非物质文化遗产名录（2007年）

申报地区或单位：北京便宜坊烤鸭集团有限公司

豆汁是北京的传统小吃，也是北京特有的平民化食品，老北京人习惯叫它豆汁儿。

据说早在乾隆年间，豆汁儿就已经传入皇宫了。不过皇室成员喝的豆汁儿不是百姓喝的那种，其中加了许多清热去火又有营养的材料。

老北京有“不喝豆汁儿，算不上地道的北京人”的说法。这话听上去有些自得，但喝过的人都知道，北京的豆汁儿气味和味道有些独特，可能有些人还喝不习惯。

这种独特的味道源于它特别的做法，据说是由人称“豆汁儿丁”的丁德瑞发明的。1949 年，丁德瑞加入久负盛名的锦馨豆汁店。

锦馨豆汁店一直沿用豆汁儿丁的制作方法经营豆汁儿。

豆汁儿的制作方法

将绿豆浸泡十几个小时后，磨成稀糊，经过滤、沉淀、发酵后用旺火煮沸，再用微火保温，就可以喝了。因为它是经过发酵后熬制成的，味道就有些怪异。

可为什么老北京人喜欢这样的味道呢?

老北京人爱喝豆汁儿，并把喝豆汁儿当成一种享受，一是因为豆汁儿富含丰富的蛋白质、维生素C、粗纤维和糖，并有祛暑、清热、温阳、健脾、开胃、去毒、润燥等功效；二是因为他们从小就喝豆汁儿，喝豆汁儿已经固化为一种行为模式，所谓习惯成自然。

老北京人会觉得带有酸臭味的豆汁儿更好喝，就像人们喜欢吃臭豆腐和螺蛳粉一样。吃广西柳州的风味小吃螺蛳粉时，如果进店前没有闻到那股特有的臭味，人们还真不乐意进去呢。虽说豆汁儿那股特有的酸臭味是发酵形成的，但可别小看这酸臭味，缺了它，豆汁儿可就失去它的魅力了。

北京城的豆汁儿

老北京的豆汁儿有铺卖、肩挑和集市卖3种。

铺面也只是个棚子而已，条件简陋。只有少数像样点儿的，也不过是小饭铺的档次。

在庙会、集市等场合摆豆汁儿摊儿，摆张桌子，四面摆上长凳。在桌子上的大玻璃罩内的果盘中盛着八宝菜、酱萝卜、水疙瘩丝等。

挑着豆汁儿走街串巷地叫卖，人们坐在家中也能听到商贩的叫卖声：“开了锅的豆汁儿粥！”这时，购买者往往拿着锅、碗买回家喝。

“豆汁儿丁”被纳入便宜坊集团旗下后，师傅们在此基础上进行了一系列改良，现在的制作不仅节省人工，还能精确控制时间及其他各环节指标，使风味和营养都得到保证。

京剧大师梅兰芳抗战时期蓄须闲居上海时，还让爱徒从北京用大玻璃瓶装满豆汁儿带到他上海的家中饮用。

梁实秋先生曾在《雅舍谈吃》中说过，豆汁儿之妙：一在酸，酸中带馊腐的怪味；二在烫，只能吸溜着喝，越烫越喝，喝完一身大汗。

当然喝豆汁儿也有讲究：首先得烫，偶尔咕嘟着几个泡的热度最好；再者必须得配上切得极细的芥菜疙瘩丝、淋上辣油，同时还得配上两个焦圈儿，吃起来主味酸、回味甜、芥菜咸、红油辣，五味中占了四味，再加上焦圈儿的脆和香，真是绝配。

在民间，豆汁儿的主顾不分贵贱，即便身份高贵的人，在庙会上喝豆汁儿也不以为耻。

民以食为天，老北京的小吃，琳琅满目，口味丰富。清晨，店内店外的吆喝声，似一曲清晨奏鸣曲，昭示着北京的一天开始了。

如今，豆汁儿仍是北京人钟爱的早餐。一碗热气飘香的豆汁儿，让人的胃顿生暖意，浓浓的乡土气息，会让在异乡的人常常想起。

美食文化，代表了一座城市的文化风情。

豆汁儿的现状

豆汁儿制作技艺主要是师徒相传，相对艰苦的工作条件，使豆汁儿的传承面临后继无人的窘境。

饮食不仅是吃，还可以用来交流，能促进人和人之间的情感。喝豆汁儿这一行为已经被北京人赋予了身份标志的意义，如果你也能喝得下豆汁儿，而且还爱喝，就说明你也接近于北京人了。

老北京叫卖

遗产历史：100多年

入选情况：第二批北京市级非物质文化遗产名录（2007年）

申报地区或单位：原北京市崇文区文化馆

老北京叫卖俗称吆喝，是北京市特有的传统民俗文化，是旧时京城社会底层的小商小贩基于北京胡同这一特殊的居住形式，为招揽生意、推销商品和出卖手艺，在街头巷尾自发口头创唱的一种带有一定韵律和别样情感的叫卖调，从语言、韵律、内容和反映的传统民俗风情上都具有强烈的京味儿特征。

叫卖的起源和特点

叫卖，是生意人广泛采用的推销方式，但随着城市的发展，叫卖渐渐带有了文化气息。元杂剧中有《货郎儿》的曲牌，很可能就是模仿叫卖的曲调，叫卖虽俗，却为艺术创作提供了丰富的养分。

明、清两代，北京作为首善之区，四方辐辏之地，商业繁荣，给叫卖文化发展提供了坚实的基础。据记载，明代老北京叫卖已成规模。到了清末民初，老北京叫卖发展至鼎盛。

老北京叫卖大体可分为两种类型：一种为说唱型，叙事性强，唱似说，说似唱；另一种为歌唱型，曲调动听，具有民间小调的特点，有板、有眼、有韵、有辙，具有音乐的美感。

除了单纯靠嗓子，老北京叫卖往往还配响器，不同行业响器不同，比如粘扇面的以线绳扎小铁铃数串，发出哗啷哗啷的声响；卖炭的摇货郎鼓；卖煤油、香油、酱油、醋的敲大木梆子；卖豌豆黄的敲铜锣；卖日用什物的敲葫芦瓢；卖铁壶的敲壶底；剃头的拨动唤头；卖酸梅汤、玻璃粉、果脯的敲冰盏；磨剪刀的摇晃连在一起的 5 片铁叶……

20 世纪 50 年代之前的北京城，居住在胡同里的居民们，从清晨到夜晚会不间断地听到各类叫卖声。

挑担子的剃头师傅手中拿着约 40 厘米长，形状如同一把大镊子叫作唤头的响器，“咣——咣”地用一根铁棍划着。他的担子一头是方的，一头是圆的，方的是个凳子，顾客理发时坐着，下面有两层抽屉，用来盛放理发用具；圆的上面是个铜盆，下边是个火炉，还竖着一根杆儿，用来挂毛巾和顾客的帽子。

老北京剃头匠铜像

老北京叫卖实例

一

香菜、辣青椒哎，

黄瓜、西红柿哟，蒜来嗨，

韭菜、西葫芦来，

洋白菜哎，胡萝卜，

卞萝卜、嫩芽的香椿哎，

蒜来、好韭菜，

哟嗨，雪里蕻哎，腌疙瘩头哎。

二

这斗大的西瓜，

船大的块来，

远瞧瓤儿啦近瞧块来，

沙着你的口儿甜来，

这两个大来。

三

卖药糖哎，

谁还买我的药糖哎，

橘子还有香蕉、山药、人丹，

买的买，捎的捎，

卖药糖的又来了，

吃了嘛的味儿呀，

有了嘛的味儿呀，

橘子薄荷冒凉气儿，

吐酸水儿呀，

打饱嗝儿，吃了我的药糖都管事儿，

小子儿不卖，大子儿一块。

四

一号这个钢针板儿上剁，
武松打虎景阳坡呀；
十三这个太保李存孝，
赵子龙大战长坂坡呀；
曹孟德带领人马八十三万降董卓呀，
张翼德一声喊，喝退大河。

五

冰搅凌咧雪花儿酪好吃多给你尝尝口头，
叫你尝来你就尝，
冰糖桂花我往里头扬（ráng），
叫你喝来你就喝，
冰糖桂花我往里头搁，
冰搅凌咧雪花儿酪，
好吃多给你拉拉主道。

老北京叫卖的现状

由于老北京叫卖传人均年事已高，在技艺传承方面迫切需要得到政府的扶持，以使这一传统民俗文化得到保存。

老北京叫卖以民间音乐的形式，记载了北京历史上的商品种类和推销手段，是中国商业文化的重要组成部分，在民俗学和商业史学中都具有重要的研究价值。老北京叫卖所独有的曲调、词律和多种响器对研究传统音乐具有较高的价值。

2005 年，崇文区文化馆（今东城区第二文化馆）成立老北京民间艺术团，作为一种濒临灭绝的民间艺术形式，老北京叫卖逐渐得到发掘和恢复，出现了张振元、张桂兰、臧鸿、马松林、武荣璋、芦志东等一批民间叫卖艺人，广泛开展传承保护活动，使原汁原味的老北京叫卖又重现京城。

长哨营满族食俗

遗产历史：200多年

入选情况：第二批北京市级非物质文化遗产名录（2007年）

申报地区或单位：北京市怀柔区长哨营满族乡

从怀柔城区往北约70千米，即可到达长哨营满族乡。长哨营满族乡是北京仅有的两个满族乡之一，拥有360多年的满族文化底蕴。

清朝时这里称为杨木营，负责为皇家看管林场，每年向京城输送制造扎枪的杨木杆。

清朝满族妆花纱蟒袍

满族小吃

满族人民爱吃黏食，饽饽、驴打滚、年糕、煎饼、摊米黄等小吃，都是满族人民喜爱的食物。

驴打滚

摊米黄

饽饽

满族小吃制作属于我国传统技艺，在众多的满族小吃中饽饽可算得上是满族小吃中的艺术品。满族饽饽是满族风味糕点食品的统称，在中国烹饪史上占有重要地位，素有“满点汉菜”之说。

慈禧小窝头

慈禧太后在八国联军侵占北京时，出宫逃难。她在宫外曾吃过玉米面窝头，觉得很好吃。回到北京后，吃惯了山珍海味的她，又想到了宫外的玉米面窝头。她吩咐大师傅做，大师傅用新鲜玉米面、豆面和白面，又加上蜂蜜，做成小窝头。从此，小窝头就成了清朝宫廷点心。

豆面卷子

豆面卷子也是满族人民喜欢的食品，多在春季食用。做法简单，将江米面和成团擀成薄片，放进锅里蒸熟；再把炒熟的黄豆面均匀地撒在上面，也有在上面再撒芝麻的；最后卷起来切成 1 ~ 2 寸长的段儿，豆面卷子就做好了。

萨其马

萨其马是大人小孩儿都喜爱的食品，做法不难，就是比较麻烦。先把水、鸡蛋（或奶油）和白面放一起和好，擀成薄片，切成细条，放在油锅里炸，炸至金黄捞出，沥干油。接下来放在一个木槽里，木槽事先铺好芝麻、青红丝、瓜子仁等，上面再放上糖稀，然后用力压平。压平后，再切成方块就做好了。清代关外三陵祭祀时，也将其作为供品。

“二八席”

满族寻常百姓婚丧嫁娶或招待贵客的宴席被称为“二八席”，讲究八碟八碗，席面分红事和白事两种。

“二八席”中，“木梳背儿”和“剪子”是两道最重要的菜。“木梳背儿”的形状，和女子梳头用的梳子差不多，就是把猪五花肉切片后，做成上宽下窄的样子。“剪子”是菱形的，形状像剪子的侧面。

肉先过油再炸，做出来的“红木梳背儿”和“红剪子”两道菜，是嫁娶红事席的主菜，寓意是新媳妇心灵手巧，善缝补。肉焯后再煮，然后蒸制，蒸出来的“白木梳背儿”和“白剪子”两道菜，是丧葬白事席的主菜，象征逝者做人正直清白。

“二八席”是由 8 个碗菜和 8 个盘菜组成的。8 个碗菜是指红剪子、红木梳背儿、白剪子、白木梳背儿、丸子、蘑菇鸡、白菜豆腐条、海带粉条。8 个盘菜由 4 个凉菜和 4 个炒菜组成，随季节不同而有所变化。

还有吊锅，它们分别是海菜吊锅、粉条吊锅、豆腐瘦肉白菜吊锅、丸子豆腐吊锅。

长哨营满族食俗的现状

长哨营满族食品历史悠久，制作技艺百年不衰。近年来，当地依托浓郁的满族文化底蕴，深入挖掘和传承满族饮食风俗。许多村子发展出特色饮食产业，如七道梁村的“二八席”宴、项栅子村的火锅宴、大地村的蘑菇宴等，让更多的人得以品尝满族传统风味美食。

如今，掌握这些民间技艺的人年岁日益增长，甚至渐渐故去，再加上西方快餐文化的冲击，很多人都不愿意去学这繁复的技艺，掌握这项技艺的人越来越少，所以满族小吃的制作技艺亟须保护和传承。

花市元宵灯会

遗产历史：300多年

入选情况：第三批北京市级非物质文化遗产名录（2009年）

申报地区或单位：北京市崇文区崇外街道办事处（今东城区崇外街道办事处）

花市大街包括东花市大街和西花市大街，也称花儿市。明朝时，花市大街叫神木厂大街，清朝时，才改用现在的名称。

《明宪宗元宵行乐图》

明末清初时，许多以做纸花、绢花为业的家庭小手工业者居住在花市大街附近。他们有的单干，有的夫妻合作，也有的雇用帮工或学徒，制作纸花和绢花。

花市元宵灯会从清康熙年间始兴，发展到今天的规模和形式，保留了众多历史的痕迹，为我们研究元宵节的活动和花市大街地区民俗提供了重要的依据。

花市元宵灯会的起源

北京的花市灯会，是从清康熙时兴起的。原来灯市在东城，后因灯市紧邻皇宫，恐烟火于皇宫有碍，就移至南城正阳门外、崇文门外一带。当年的花市元宵灯会，因周边商铺林

立，而变得很热闹，形成了独特的商业文化和民俗特色。

每逢元宵节，白天花市街道两旁列市，上自珠宝玉器，下至日用百货，一应俱全。各商铺置办各式各样的花灯悬挂在门外，供人观赏。商家之间还会互相“斗灯”，甚至为此不惜工本，所用材质多样，如纱绢灯、羊角灯、烧珠灯、麦秆灯等。灯上所绘图案题材丰富，包括《三国演义》《水浒传》《红楼梦》故事，以及梅兰竹菊、十二生肖等。入夜后，满街花灯照耀，烟火通宵燃放。

花市元宵灯会的现状

现在，花市元宵灯会已成为民众喜爱的一项民俗活动，具

元宵节彩灯

有丰富的内容、鲜明的时代特征和较高的历史、文化、民俗价值。花市元宵灯会表达了中华民族对和谐完美节日的憧憬，内容丰富，群众参与广泛。每届活动都会评选出优秀花灯。元宵灯会期间，会举办猜灯谜、文艺演出、花会表演等活动，群众参与热情高涨，每届灯会都有上千人参加。

花市元宵灯会作为花市地区一项重要的民俗活动得到了进一步发展，在社会上产生的影响日渐广泛。发掘、抢救、保护花市元宵灯会，对丰富人民群众的文化生活、提高人民群众的素质、构建社会主义和谐社会有积极的促进作用。

东岳庙行业祖师信仰习俗

遗产历史：300多年

入选情况：第一批北京市级非物质文化遗产名录（2006年）

申报地区或单位：北京民俗博物馆

每每提到北京，往往会提到北京朝阳门。在明代，京杭大运河的终点码头从原来的积水潭改到了朝阳门附近的大通桥，

东岳庙前牌坊

这样一来，朝阳门便成为南北商旅要道。外来的货物都要从运河到达大通桥，再从朝阳门进京，可见朝阳门在当时对于京城运送货物的重要性。东岳庙位于北京朝阳门外大街，是一座道教庙宇，主要供奉泰山神东岳大帝。

东岳庙行业祖师信仰的由来

民间有“三百六十行，无祖不立”的说法。旧时，百姓是很讲究供奉祖宗牌位的，其中正户题名为“天地君亲师”或“天地国亲师”，“师道”被列为五尊之一。生活中各行各业的人都有供奉祖师爷的习俗，行业不同，供奉的祖师爷自然也不同，比如木工行业供奉鲁班，酿酒业供奉杜康，等等。

东岳庙是道教宗师于元代始建，因为地处商贾要道，所以一建立便频繁举办香会，因此成为京城百姓的信仰中心。各个行业的人都积极参与这里的香会，行业祖师信仰的习俗也就渐渐被引进来，成为东岳庙的独有特色。

东岳庙行业祖师信仰的形成和发展

每个行业在发展过程中，都想抬高本行业的社会地位，在获得社会尊重的同时还能够唤起从业者的自豪感。事实上，这就是行业祖师崇拜和信仰习俗的根源所在。为了弘扬行业信仰，各行各业都在不断地组织各种活动，其中供奉最多的便是各行业的祖师爷，也就是行业神。

清康熙五十八年（1719 年），木工行业在东岳庙西院建造了最早的行业神殿宇，供奉的是木工业的祖师爷——鲁班，所以鲁班自然就成了入住东岳庙的第一位行业祖师爷。在东岳庙，有许多与行业活动有关的碑，涉及木工行、棚行、骡马行、玉器行、米粮行等许多行业。在宋元时期，行业祖师爷崇拜逐步趋向繁荣，到了明清时期，人们的祖师信仰达到了鼎盛。

在东岳庙修建行业神殿和供奉行业祖师爷，深得百姓喜爱，至清末，这里已有 400 多间大小殿堂和 3000 多尊各式各样的行业祖师爷，东岳庙供奉行业祖师爷之多为京城一绝。东岳庙祖师信仰习俗以行业祭祀活动为主要表现形式，包括围绕祖师信仰而进行的建殿、立碑、祭祀、行业管理等内容。

东岳庙里的两座鲁班殿

木工行业在东岳庙最早修建殿宇，鲁班殿自然就是地位最高的了。东岳庙里有两座鲁班殿，两座鲁班殿不但在外观上一模一样，就连大小和里面的布局也是一模一样。如果非要找出不同，那就是南鲁班殿里的两个童儿手里捧的是规尺和墨斗，而北鲁班殿里的两个童儿手里捧的是割席用的鱼皮刀和缝席用的大弯针。

一座庙里为什么建两座鲁班殿？那就要从鲁班的 4 个徒弟的故事说起。传说鲁班的 4 位徒弟分别是石、木、瓦、棚 4 匠，棚匠排位为第四，所以每次鲁班先师殿磕头祭祖，都要等前边 3 位师兄磕完了，才轮到棚匠。

东岳庙鲁班殿

多少辈，棚匠们这一口气只能在肚子里憋着。由于棚匠的手艺是向师妹学的，所以常被3位师兄取笑。1939年，朝外大街元老胡同的元升棚铺掌柜来德明，才把棚行这桩心愿了结。来德明和东岳庙洞字辈长徒付洞奎为结拜兄弟，付洞奎出面说通庙内住持，又在鲁班殿北边盖了一间专门为棚行所用的鲁班殿，老百姓称之为“新鲁班殿”。北京棚行行内不许这样称呼，而是按来德明的叫法，称“北鲁班殿”——这样讲，一是指在老鲁班殿之北，二是以北为正为大。

东岳庙行业祖师信仰习俗的现状

随着时代的发展和变化，人们对行业信仰的观念也有所改变。最初活跃在京城的行业会头和会众等都成了行业信仰的传承人，如今他们当中的人多已年迈，而且相关的行业信仰研究成果也相对较少。但行业祖师信仰习俗在今日对加强行业规范、建设行业诚信、促进从业人员交流等方面，有着积极的作用。

如今，朝外大街已成了北京中心商务区CBD商圈的门户，东岳庙在林立的高楼群中，依旧诉说着行业祖师们的信仰习俗，希冀其中蕴含的种种行业道德和规范，得以延续。

房山大石窝石作文化村落

遗产历史：1000多年

入选情况：第一批北京市级非物质文化遗产名录（2006年）

申报地区或单位：北京市房山区大石窝镇政府

大石窝镇地处北京市房山区，面积90多平方千米，辖区内有高庄村、南尚乐村、岩上村等7个祖辈以石作为业的自然村落。

故宫保和殿后面的云龙石雕

大石窝镇石材品种繁多，质地优良，较为稀有，适宜雕塑，尤以优质汉白玉最为珍贵，历史上大石窝镇出产的汉白玉曾经是皇家御用石材。

镇内石材有大理石、白云石、红砂岩、花岗岩等，大理石包括汉白玉、艾叶青、房山白等 10 多个品种，其中汉白玉储量为 80 万立方米，被国家建设部命名为国标 1 号，驰名中外。

大石窝石作文化村落的形成

大石窝石作文化村落的形成自然与“石”有关，工匠们以石为业、以石为生，靠他们勤劳的双手在此昼夜开采，成千上万的工匠扎根在石窝村，逐渐形成以石作为核心的自然村落。1000 多年来，这里保留了完整的石作工艺，包括开采、运输、加工、雕刻，以及安装、铁匠等辅助手工业。1958 年修建的人民英雄纪念碑的栏板，1977 年修建的毛主席纪念堂里面的毛主席雕像，都是用汉白玉雕刻而成的。这是中华人民共和国成立以来，使用大石窝汉白玉建造的最为著名的两项国家工程。

大石窝的石制品主要有古建石作工艺制品、石雕工艺品、民间生活用品等。大石窝石匠从采石运输、古建加工到精细雕刻传授方式都为口传心授，传承关系以父子传承和师徒传承为主，传承谱系分为开采加工和雕刻两大类。开采加工类分为 3

支，即续姓、高姓和李姓；雕刻类分为 5 支，即宋姓、丁姓、梅姓、李姓、刘姓。

房山大石窝石作文化村落的两大特色

石匠节

传说农历三月十七是鲁班的生日，石匠们这天都要前往村北街的鲁班庙祭拜烧香。传说鲁班有 4 个徒弟，他把第一个徒弟培养成了石匠，后面的 3 个徒弟分别是木匠、瓦匠和棚匠。鲁班能把第一个徒弟培养成一名石匠，可见在他擅长的几门手艺中最看重石作。

每年农历三月十七是祭拜鲁班的日子，也是大石窝石匠节，这一天大石窝当地和在外乡的石匠们放假一天，有的村还要演节目、走花会等庆祝一番。

文保单位“白玉塘”

大石窝镇采石留下的近千处坑塘分布在青龙山周围，大小不一，深浅不同，形状各异。其中最大的是高庄的老矿坑——白玉塘。白玉塘是个宽 40 米的石坑，靠山坡的南侧，从上至下，劈成 20 多米高的石壁，这是开采石矿留下的痕迹。石壁下面，碧绿的水面下似乎浸着大块的白色石头。这个坑出产的汉白玉质量为最上乘，1986 年这里被评定为区级文物保护单位。

房山大石窝石作文化村落的现状

大石窝石作文化是伴随着劳动人民的生活而逐渐形成的，为研究石作工艺的产生和发展提供了重要资料。其完整的传统石作行业操作流程及行业习俗为研究传统手工业提供了宝贵资料。大石窝石作文化具有重要的史学、美学、古建学和石作手工技艺的研究价值。

如今，由于市场经济、现代化生产方式和板材产量增加的影响及人们的保护意识不强等原因，使大石窝优质石材、传统技艺的传承及需要保护的历史实物都处于濒危状态。

有两个现象严重威胁着这一传统技艺。

首先是相关部门为了保护大石窝的汉白玉资源，2017 年年底彻底封停了大石窝的最后一处矿山，汉白玉资源变得越来越少，现存的已开采出的汉白玉石料便成为人们眼中的宝贝，但就是这点“家底儿”仍在逐渐流失。当石料被矿主卖光时，也就注定大石窝再无汉白玉。没有充足的石材便导致石作技艺很难继续下去。

其次是懂得雕刻技艺的人越来越少，原本大石窝有雕刻艺人 300 多人，由于很多人已经转行换业，如今只剩下 20 人。

石景山古城村秉心圣会

遗产历史：400多年

入选情况：第一批北京市级非物质文化遗产名录（2006年）

申报地区或单位：北京市石景山区文化委员会

老古城村，位于北京市石景山区，曾是长安街上最后一个城中村。明朝末年，李自成率起义军攻打北京，大队人马疾驰北京。一天晚上队伍来到石景山地界，李自成误以为已到北京城，便下令安营扎寨，天亮后发现并不是北京城，而是个普通的村子。随后，李自成入村探察，只见村边竹篱环绕，远看貌似城墙，而村东三义庙前两棵粗壮的白皮松，就像是城门一样。于是，李自成将这个村命名为“古城”。

古城村秉心圣会钱粮筐

秉心圣会的由来

自明朝以来，古城村的村民就开始信奉碧霞元君娘娘，每年四月村民们都会到妙峰山进行朝顶进香活动。就这样，村民们渐渐地形成了一个香会组织——“秉心圣会”。后来，古城村赞礼神佛的香会表演，统称为秉心圣会。

每年的秉心圣会都是有一整套流程的，比方说农历四月十一在村内踩街、四月十二扬香、四月十三朝顶、四月十四还乡。整个活动足足有上百人参与，村民们一路吹吹打打，热闹非凡。这还不算，每年的农历四月，村民们还会到约 35 千米外的妙峰山朝顶进香，许下“带福还家、风调雨顺、四季平安、五谷丰登”的美好愿望。

秉心圣会的表演形式

秉心圣会俗称“花十档”，第一档是开路的先锋灵官旗；第二档是代表哼哈二将的一副栊框；第三档是代表四大天王的 4 只钱粮筐；第四档是公议石锁；第五档是太平歌会；第六档是龙旗牌棍；第七、第八档是中军、四执；第九档是娘娘驾；

第十档是督旗。除了娘娘驾，其余均是为娘娘护驾献档，既有仪仗执事，又有动作精彩的武会，这是文武兼备、形式多样的一组花会表演。

秉心圣会的一大特色是“钱粮筐”，钱粮筐有4只，取义“风调雨顺”，钱粮筐是用荆条编制的，用来盛放祭祀娘娘的物品。表演时共有8个人，两个人一组进行抬筐表演，表演者挺直腰板，全身跟着节奏颤动，脚下配合着音乐摩擦。还有一项表演不能不提，那就是太平歌会。说太平歌会你可能不太了解，不过它还有一个通俗易懂的名字叫高跷秧歌会。因为高跷的腿子很高，所以表演时难度很大，站在高跷上一边耍跷技一边歌唱，观赏性很强。秉心圣会通过表演寄托全村敬奉碧霞元君娘娘的一秉虔心。

秉心圣会主要的民俗活动有“十一踩街、十二扬香、十三朝顶、十四还乡”。踩街就是在四月十一这一天村内的各档花会进行表演。村民们都非常喜爱这种活动，纷纷在自家门口摆上茶水、水果、香烟等，各档花会的表演者们见谁家门口摆上了茶桌，就会停下来献档表演，供村民们欣赏。

扬香就是表演者们徒步去妙峰山时，如果路过村庄，也要给村民们献档表演。朝顶是表演者们在妙峰山娘娘庙、灵官殿前的打知、报号、攒香、号佛、焚表、献档表演等仪式。为了表达虔诚之心，表演者们都会拿出自己的绝活儿，看得村民们忍不住高声叫好。还乡，即在四月十四这天从妙峰山回香后绕道上石景山，进行二山朝顶。

掌灯时分，全体玩角儿回到村里，进家后先拜祖先，再拜父母，之后狼吞虎咽地吃着热腾腾的饭菜，边吃边叙述这几天风餐露宿朝顶进香的所见所闻。秉心圣会从未间断过赴妙峰山朝顶进香，为的是带福还家。这是旧时人们对美好生活的一种期盼，也是自己对一年来在劳动间歇练就的一身绝活儿的展现。

秉心圣会的现状

1949 年以后，秉心圣会有过 4 次复会。虽然村落已拆迁，但古城村民在 2016 年再次重整，至妙峰山朝顶进香，秉心圣会在新的居民社区得以保护和传承。秉心圣会还参加了北京电视台、中央电视台的演出活动。

秉心圣会是家族式相传的，所以其技艺得到很好的保护和传承，村中文化人的参与、记录对这种传承起到了重要作用。独特的攒香方式寄托着全村人虔诚之心；每年的踩街和二山朝顶是花会活动的主要形式；钱粮笸表演是北京现存的唯一一档花会；高跷腿子高、唱词用高腔、自编唱词也是它的特点之一。表演时采用的是类似于传统戏剧的化装方式，服装上也有很多戏剧色彩。它唱腔高亢、边表演边演唱的方式也是其他会档不多见的。

花会活动已经成为村民们文化生活的重要组成部分和健身强体的重要形式，也是他们交流情感的良好平台。

年丰庄善缘老会

遗产历史：300多年

入选情况：第二批北京市级非物质文化遗产名录（2007年）

申报地区或单位：北京市怀柔区杨宋镇政府

年丰村建村于明代，当时，南北年丰、西树行都属于同一村。因村庄周围水塘密布，盛产莲蓬，村民祈望年年获得丰收，故取名“年丰”。

文化底蕴深厚的北年丰村拥有两项市级“非遗”，即善缘老会、苇编技艺。年丰庄善缘老会已有300多年的历史。

年丰庄善缘老会是北京市怀柔区杨宋镇的传统民俗文化活动。花会鼎盛时，项目达13档之多，每场走会参与表演者达200多人。年丰庄善缘老会现存11档分别为：门旗大筛（锣）、开路、舞狮子、少林、五虎棍、小车会、高跷、地秧歌、什不闲、吵子、堂鼓。

年丰庄善缘老会的起源

善缘老会，原名灯花会，始于明末清初。据说，在清乾隆二十八年（1763 年）的四月初八那天，年丰灯花会应邀参加丫髻山庙会。因为乾隆皇帝刚好在这一天来丫髻山进香，他十分喜欢灯花会的表演。一听说是要给皇帝表演，各路花会艺人欣喜若狂，抓紧时间刻苦排练，都暗中较劲要一比高下。

正式表演还没开始，山上山下就已经人头攒动，欢呼声、呐喊声不绝于耳。当轮到年丰村的灯花会表演时，只见一个叫二和尚的艺人拿起管子便吹了起来。你一定想不到，他可不是在用嘴巴吹，而是用鼻子！再听那管子的声音，悠扬、欢快，简直比嘴巴吹出来的还动听，看得观众目瞪口呆。就连乾隆皇

后来仿制的年丰庄善缘老会龙旗

帝都忍不住拍手称奇，立即赏赐年丰灯花会一面3米高、4米长的天蓝色三角形龙旗。这还不算，乾隆皇帝还亲自在上面题字“年丰庄善缘老会”。从此灯花会更名为“善缘老会”。

年丰庄善缘老会的表演内容

善缘老会活动一般从正月十二延续到正月十五，而且活动内容安排有序。比方说正月十二要举办“踩街”和“拜庙”活动；正月十三、十四会举办“接桌”活动；到了正月十五的晚上，会举行“送圣”活动。除了这些活动，在会档表演之后，督官当众宣读祈福表，再把表和一年来走会的账目一同放在锣内点燃，响器大作标志着走会正式结束。节目按照门旗大筛、开路、舞狮子等顺序展开，表演下来共有10余项。

门旗大筛

表演门旗大筛时，一共有8面门旗，其中4面红旗、4面蓝旗，都带着白色的牙边，是三角形的，上面还写着“年丰庄善缘老会”几个大字。表演时，8个人各扛着一面旗子，分成两队走在花会的最前面。两面大筛敲打起来声音洪亮，震耳欲聋。

开路

俗称“飞叉”，属杂技类项目，表演难度很大。

舞狮子

档会有一雌一雄两头狮子，雌狮子是黄色的，雄狮子是蓝色的，重量 10 公斤左右。表演时，每头狮子由两个人分别拿着狮头和狮尾合作完成。在表演之前，一般会把狮子放在庙门的两边，寓意是用两只狮子把守山门，给人们带来安全。

少林

这档会来源于少林寺。

五虎棍

提到五虎棍就不能不提宋太祖赵匡胤，因为五虎棍表演的正是赵匡胤惩治“董家五虎”的故事。整个表演要完成 72 套 420 个定式，大概需要 2 个小时。表演者们经验丰富、技艺精湛，场面非常壮观。

小车会

表演的是“昭君出塞”的故事，由 8 个人来表演。套路有圆场、睡觉、切轴、过河、误车、晃车、过桥、跑车、退场等。

高跷

高跷共 12 个角色，年丰村高跷为武跷。

地秧歌

以文扇、武扇、渔翁、樵夫为主要角色。

什不闲

一人手脚并用敲打木架上的锣鼓镲，其他人分角色舞蹈。

吵子

以打击乐为主，曲调激烈欢快。

堂鼓

给门旗大筛、开路、舞狮子配乐。

年丰庄善缘老会的现状

年丰庄善缘老会最近一次恢复走会是 2006 年春节，过去曾经因为种种原因而中断。据村里的老人们回忆，从前村子里有一座老爷庙，每到春节，在举办完踩街表演后都会有组织者举行拜庙仪式，祈求来年一切平安。但是很遗憾，自从老爷庙消失以后，拜庙仪式也就渐渐消失了。目前，拜庙仪式已经渐渐演变为人们的祈福送愿活动，但村里人从小看善缘老会表演，善缘老会已融入他们的生活，农闲参加花会演练的氛围一直有，年节走会的传统也没丢。现在踩街表演多在正月初二、初三和正月十五举行，成为当地的特色民俗活动。

西邵渠金钟总督老会

遗产历史：500多年

入选情况：第二批北京市级非物质文化遗产名录（2007年）

申报地区或单位：北京市密云区文化馆、北京市密云区东邵渠镇西邵渠村

西邵渠村隶属北京市密云区东邵渠镇。

西邵渠金钟总督老会一直以来信奉孔子的忠、孝、节、烈、仁、义、礼、智、信，是一支保留着古老传统、有着较高知名度和丰富文化底蕴的花会队伍，在历史上曾经是非常辉煌的。西邵渠金钟总督老会的表演主要有3项功能：一是为庆祝节日的庆典活动，二是为人们祈福，三是为求风调雨顺。从这些活动可以看出，金钟总督老会和民众的生活是密切相关的，可以通过表演凝聚村民们的感情，活跃民众的文化生活，构建和谐的乡村氛围。

西邵渠金钟总督老会的起源和表演内容

西邵渠金钟总督老会因以金钟总督老会（大篩会）为总统领而得名，此会是当地历史悠久、规模较大的民间香会，活动以朝庙进香为主。它起源于明天顺八年（1464 年），距今已有 500 多年的历史。金钟总督老会一共有 7 档会，分别是大篩、五虎棍、仙家老会、奉秧歌、奉秧福（什不闲）、雷音、响器，这是一档一直保留着古老传统和古老演艺形式的花会，表演时需要 148 名演职人员。每个档会的表演形式和乐器、道具各不相同，形式多样。

传统中该会每年正月十三起会准备，至正月十六结束，历时三天四夜。当天一行人浩浩荡荡前往庙宇，众人在庙前烧香敬拜，然后开始表演，主要有以下几种形式：一是响音大鼓，共有 12 面大鼓、2 个钹、2 个铛子，81 套打法，打出来气势磅礴，夜深人静时声音能传遍方圆 20 里（1 里 =500 米）。1949 年，“响音大鼓”曾应邀参加中华人民共和国的开国大典。二是五虎棍，它是一种武打项目，有长棍、短棍、双节棍、三节棍，几种不同的五虎棍打起来酷劲十足，节奏变化快，热闹非凡，尤其受年轻观众的喜欢。三是奉秧福，它是一种很时尚的表演形式，奉秧福最大的特点是触景生情、即兴表演。它的词曲内容丰富，多数有警示和教化作用，演唱形式有对嘴 14 个、单边 100 多首，全部是独唱。四是仙家老会，仙家老会也称高跷会，共有 14 种队形变化，主要动作有蹲跷、单背、劈叉等，表演时边唱边打；唱腔独特，有流水板、垛板和大板，曲调悠扬，歌曲多达 180 首。最为独特的是蝴蝶精的翻锣打法。第二天为交香，就是现会档和下年会档的“香主”进行交接的仪式，交接后，再接着表演。第三天是走顶桌，就是在村中走，遇到谁家门前桌上摆烟酒、点心，就停下表演。

西邵渠村金钟总督老会的现状

北京地区香会很多，一般建立不久的称为圣会，历史悠久的称为老会。金钟总督老会之所以能走到今天，拥有几百年的历史，和老会拥有流畅的表演形式及严格的管理制度有关。老会人讲究按程序表演、按规则办事，正是这种看似“刻板”的表演流程以及严苛的管理模式，才使得金钟总督老会这项技艺得以传承。

由于各种原因，金钟总督老会现在面临着严重的传承危机。密云区目前正在进行挖掘、整理和抢救工作，并已制订规划对其进行保护。

奶子房庙会

遗产历史：400多年

入选情况：第四批北京市级非物质文化遗产代表性项目名录（2014年）

申报地区或单位：北京市朝阳区

碧霞元君的全称是“东岳泰山天仙玉女碧霞元君”，俗称泰山娘娘。她是明清时期华北地区各阶层普遍信奉的神明，京城内外大量兴建娘娘庙对其进行供奉，相应庙会也成为民众的重要活动场所。碧霞元君“庇佑众生，灵应九州”，千百年来人们对她尊崇备至，是中国历史上影响最大的女神之一。

在中国的旧时文化里，多子多福是人们一直追捧的福气造化，人们在现实中难以达成心愿时，便会以烧香祭拜的方式祈求如愿。在当时，可烧香祭拜的庙宇很多，像龙王庙、五帝庙、先帝庙、娘娘庙等，不过要说香火最旺的要数奶子房娘娘庙。

这奶子房娘娘庙和碧霞元君是什么关系呢？其实很简单，奶子房娘娘庙中供奉的正是碧霞元君。传说碧霞元君主宰人间生育，所以那些追求多子多福的人对碧霞元君都特别虔诚。

奶子房庙会的仪式

碧霞元君出生于农历四月十五，正好是农闲时节。奶子房的百姓便选择每年四月十四、十五两日，为娘娘庆祝生日。

最初的庆祝仪式很简单，百姓们捧着提前准备好的礼物，到娘娘的牌位前祭拜，同时许下美好的愿望。娘娘护佑着村民，村民们喜欢娘娘，为娘娘庆祝生日的场面也变得越来越热闹，有在娘娘牌位前表演杂技的，有给娘娘唱歌跳舞的，原本简单的祝寿演变成大型的演出活动。

随着岁月的积淀，奶子房庙会渐渐形成了高跷、中幡、坛子、天平、神胆、小车会这 6 档花会，其中，坛子曾受到慈禧太后御封。

奶子房庙会所有分档的唱腔、招式、装扮、器乐都是对民族个性的充分张扬，蕴含着浓厚的民族文化美学特征，可谓民族传统文化的活标本。

奶子房庙会的现状

20 世纪中期村内庙宇拆除，庙会停办。1991 年，庙会重新恢复，2020 年村民在原址东侧重建了碧霞元君祠。近年来，虽面临社会发展、村庄变迁等问题，奶子房庙会每年仍如期举办，热闹依旧。

幡鼓齐动十三档

遗产历史：200多年

入选情况：第三批北京市级非物质文化遗产名录（2009年）

申报地区或单位：北京民俗博物馆

旧时北京花会有数千档，种类有很多，分为井字里和井字外，城里及部分郊区划为井字里，其余为井字外。井字里为碧霞元君信仰服务的代表性武会有13档，俗称“幡鼓齐动十三档”。

幡鼓齐动十三档是老北京民间花会武会中的代表会档。“十三档花会”，又称“十三堂花会”，“档”或“堂”都是指一个具体的表演项目，如“一档（堂）高跷”“一档（堂）舞狮”，不管这个项目里包括了几支同类型的表演队，纵然有10支高跷队，仍然叫“一档（堂）”。只有13个项目齐全了，才叫一个整会。如果只有八堂或六堂时，则叫半堂会。

幡鼓齐动十三档的起源

幡鼓齐动十三档的形成，与北京传统武会的发展密不可分。

北京传统香会历史悠久，向前可以追溯到明代。香会武会一直以来规格严谨、组织严密，到了清朝末年，武会达到了巅峰，形成香会公众约定俗成的称谓“幡鼓齐动十三档”，节目表演深受广大民众的喜爱。过去，十三档花会最活跃的地方是北京的“三山五顶”，尤以妙峰山的朝顶进香规模最大，影响最广。

幡鼓齐动十三档的表演内容

开路

开路又叫耍钢叉、滚叉或飞叉。当庙会出会或走会时，在队伍前面表演，也就是逢山开路的意思。

五虎棍

五虎棍又叫“开路五虎棍”。在五虎棍的表演中，有很多是武林高手、民间英雄，他们表演的路数往往是真功夫。所以，观赏这些花会，不仅是观赏表演者的舞蹈动作，而且是观赏中国武术的精华。

耍中幡

秧歌

京西秧歌是北京地区最具代表性的秧歌。

中幡

幡是旗子的意思，中幡是指装饰华丽、有仪仗特色的一种旗帜。这种大旗的主要道具是一根粗大的竹竿，长短不一，长的可以达到数丈，上面挂的旗子有两尺多宽，上面写着“晃动乾坤保太平”，有的还会在幡上绣一些神像，如关帝等。

中幡高大，在起会时居中正立，给人以威武之感，也因此成为整个花会的会旗。高大挺拔的中幡仅由一人顶举，还得做出种种惊险而优美的动作，所以，舞中幡的人不仅要力气过人，而且要武艺高强。

舞狮

舞狮与舞龙都是中国古代庙会上的重要娱乐节目。所不同的是，北京的庙会上，舞狮常见，而舞龙却几乎没有。因北京作为都城，旧时是皇帝居住的地方，皇帝自诩真龙天子，耍龙成了对皇帝的大不敬，所以被禁止。

双石

双石，有点像现在举重用的杠铃。能耍双石者，大都有较高的武艺。

石锁

石锁又叫掷子，由石头做成，可单人抛耍，也可以几人之间相互抛掷。

杠子

杠子俗称盘杠，表演形式较危险。

舞狮

花坛

道具为瓷坛或瓷缸，以瓷坛或瓷缸在身体各部位间做出翻滚旋转等动作，极为巧妙。

吵子会

吵子会，又叫献音会，以民间乐器的演奏为主要形式，演奏乐器有一个单皮、4 副铙、4 副钹。吵子会分文、武两类。武吵子边奏边舞，文吵子只奏不演。

杠箱

杠箱是肩扛箱做技巧表演，属滑稽戏。

天平会

天平会又叫莲花落。

神胆

神胆指大鼓，也叫挎鼓会。挎鼓雷鸣，八面威风，正所谓“幡鼓齐动庆太平”，它是花会的最后一个高潮。

幡鼓齐动十三档的现状

由于历史原因，幡鼓齐动十三档发展几经起落。近些年来，随着国家对优秀传统文化的重视、挖掘和保护，北京的香会逐渐恢复，幡鼓齐动十三档在尘封近百年之后，终于再次聚首，重新亮相。

参考资料

[1] 宋卫忠. 民俗北京[M]. 北京：旅游教育出版社，2005.

[2] 马燕晖. 老北京的传说[M]. 北京：华夏出版社，2007.

[3] 常人春. 老北京的风俗[M]. 北京：北京燕山出版社，1996.

[4] 张克群. 探秘老北京[M]. 北京：机械工业出版社 ，2019.

[5] 张卉妍. 老北京的趣闻传说[M]. 南昌：江西美术出版社，2019.

[6] 陈玉新. 中国人的传统节日[M]. 北京：化学工业出版社，2019.

[7] 陈树林. 老北京叫卖调[M]. 北京：人民音乐出版社，2010.

[8] 孙仲魁. 元宵节 · 九曲黄河阵灯俗[M]. 北京：北京美术摄影出版社，2016.

[9] 北京市社会科学界联合会，北京市文化局，北京非物质文化遗产发展基金会. 北京非物质文化遗产巡礼：北京市级[M]. 北京：北京出版社，2015.

[10] 北京非物质文化遗产保护中心，北京汉声文化创意有限公司.北京非物质文化遗产图典[M].北京：北京美术摄影出版社，2018.